改訂 記者のためのオープンデータ活用ハンドブック

熊田安伸

公益財団法人 新聞通信調査会

改訂にあたって

本書は、2022年12月に初版を発行しましたが、直後からネット書店での在庫切れが相次ぐなど思わぬ反響がありました。中にはまとめて100冊も注文していただいた新聞社もあったようです。何より記者の皆さんのお役に立てたのでしたら幸いです。

それから2年近くが経過し、このたび改訂することとなりました。いや、改訂せざるを得なかったというほうが正しいでしょうか。

これには二つの側面があります。一つは良い側面。オープンデータは日進月歩でさらに進化していて、中には国土交通省の「不動産情報ライブラリ」のように「神サイト」とまで呼ばれるものが出現し、使い勝手が格段に良くなりました。他にも、1年半前には存在していなかった新たなサイトを多数、本書に盛り込むことができました。逆に言えば、こうしたものを紹介しないままでは、本書の役割を十分に果たせないということになります。

もう一つの側面は、「匿名化社会」ともいうべき懸念すべき動きです。例えば、株式会社の法人登記簿をめぐるルール改正。代表者の名前と住所が掲載されていましたが、

2024年10月から一定の要件を満たせば、代表者の住所を市区町村までにとどめ、それ以上の情報は非公開にできるようになってしまいました。背景にあったのは、「住所の公開はクリエイターが法人化する際に、大きなハードルとなっている」という考え方です。確かに一理はありますが、一方で非公開になってしまえば、そもそもの登記の趣旨である企業の信頼性を担保する観点からは大きく後退することになります。登記簿は本人の特定ができる数少ない情報で、不正な商取引や詐欺、反社会勢力の進出などを防止するためには非常に重要でした。実際にそういう取材に役立ててきた立場としては、不安しかないルールの変更です。さらに政治資金規正法の改正によって、むしろネットでの情報入手が妨げられる恐れが出てきています。こうした動きを反映して、「入手できなくなってしまったオープンデータ」をいくつか削除することになりました。

情報の透明化は民主主義のバロメーターと言われています。その意味で、本書が役に立ち続けられるということは、すなわち社会が健全な情報公開をしているということ。その状態が続くことを願って、改訂版をお送りします。

2024年10月

熊田　安伸

はじめに

報道に使える情報は、当局者から入手するしかないのでしょうか？

そして、調査報道に使える手法と言えば、とにかく「情報公開」なのでしょうか？

実は取材に役立つデータがオープンになっているケースは、とてもたくさんあります。官庁から自治体、個人の情報に至るまで、びっくりするような情報や取材の端緒が手に入ることも。情報の入手方法、利用方法は一つや二つではありません。ＣＩＡ（米中央情報局）の分析官も、国税の調査官も、彼らの行っている「インテリジェンス」の第一歩は、データの入手・解析から始まります。

私はＮＨＫ勤務時代、国税担当や国会担当が長く、当局や記者仲間からさまざまな手法を学ぶ機会に恵まれ、特に「公金」をテーマにした調査報道をライフワークとして手掛けてきました。その関係もあって、調査報道の講師を依頼されることが多く、日本記者クラブの「土曜記者ゼミ」、運営に携わっている「報道実務家フォーラム」や、「デジタル・ジャーナリスト育成機構」のイベント、そして地方メディア各社での講座などでオープンデータを使った取材方法の講師を務めています。

古い体質が残るメディアの世界では、テクニックを共有することに対する異論もあります。しかし、私は積極的に共有すべきだと考えています。現代の技術は日進月歩の勢いで進化していて、共有しなければフィードバックをもらってより優れたテクニックを発見したり開発したりすることができず、素晴らしいと思っていた技法があっという間に陳腐化します。オープン化すればそのテクニックをまねる人が出てくるではないかと言いますが、それこそ望むところです。テクニックの共有によりジャーナリスト全体の底上げが図られ、業界のレベルが上がっていくことでしょう。

そして、ジャーナリストが対峙《たいじ》する相手は、時に権力、財力、暴力という強大な力を持っています。ジャーナリストやメディアが協力し合わなければ、とても対抗することはできません。

本書は、2021年9月から2022年6月までウェブメディアの「SlowNews」上に連載し、「Internet Media Awards 2022 のアクション・フォー・トラスト部門を受賞した「調査報道講座　オープンデータ活用術」を加筆・修正し、ハンドブックにしたものです。取材手法を学ぶ機会がなかなかないとお嘆きの若手記者の皆さんや、時間も資金もないので手早く情報を収集できる方法が知りたいというフリージャーナリストの皆さんを念頭に、なるべく費用がかからず、素早く情報を入手できるテクニックを意識して書きました。もちろん、調査報道には情報公開制度の利用も重要ですが、それについてはエキスパートであるわが盟友、毎日新聞社の日下部聡さんが書かれた『記者のための情報公開制度活用ハンドブック』(新聞通信調査会)を読んでいただければと。本書は「ツールのカタログ」だと思って気軽にお使いください。冒頭から順に読む必要はありません。目次を見て調べたい事柄の項目を読んでいただければと思います。そしてテクニックのより効果的な利用法や、新たなツールなどを発見されましたら、ぜひご一報いただき、「共有」させてほしいと願っております。

(なお、オープンデータは日々更新されるため、本書で取り上げたサイトなどの内容が更新されたり、サイトそのものが改廃されたりするケースが出てくるかと思います。その点はご了承ください。大きな変化があれば、SNS上など何らかの形でお知らせしたいと思います。)

目次

第2章 公益的な法人を調べる……049

NPO法人を調べるためのツール……063

その他の公益的な法人を調べるためのツール……067

第3章 民間企業を調べる……077

不動産や価格を調べるためのツール……123

建物を調べるためのツール……129

第5章 個人の情報を調べる……133

第1章

国や自治体の事業を調べる

国の事業や予算を調べるためのツール

まずは国の事業が適切に行われているかどうか、予算やその執行、事業内容について調べたいときに使えるオープンデータの入手方法を紹介していきます。

２０１２年に放送された「ＮＨＫスペシャル　シリーズ東日本大震災『追跡　復興予算19兆円』」は、増税によって賄われた復興予算が被災地とは直接的には関係ない事業に次々と使われていった実態を明らかにし、話題になりました。指摘を受けて、国は一部の事業の事業費を国庫へ返納する措置を取らざるを得なくなりました。

この報道で使われた基本資料の一つが「行政事業レビューシート」です。以前からこれを利用した報道もありましたが、この番組で多くの人の目に触れ、注目されるようになりました。「風が吹けば桶屋がもうかる」ような奇妙な理屈で行われた事業があることが判明し、被災地のためにと増税に耐えていた多くの人たちから批判の声が上がりました。まずはこの行政事業レビューシートから見ていきましょう。

「行政事業レビューシート」を使う

行政事業レビューとは、国の約5000のすべての事業について、各府省が点検・見直しを行うもので、その際に使われるのがレビューシートです。民主党政権の時代に「事業仕分け」のために誕生し、その後、政権が自民党に移ってからも「秋のレビュー」として継続しています。このシートができたおかげで、見えにくかった国の予算を事業ごとに検証できるようになりました。

例えば、話題になった「持続化給付金」の事業については図1-1のようなシートがあります。事業の内容や目的、予算の金額や算出根拠と執行状況、府省の担当部局などが一覧できるものです。

経済産業省からの資金の流れについても、図1-2のように視覚的に分かる体裁になっています。どのような企業・法人がどんな事業を幾らで受注しているかが分かります。

この持続化給付金の事業は当初、一般社団法人サービスデザイン推進協議会が、経済産業省から委託されていました。当初のシートを見れば、どんな費目に幾ら使ったのか、別の法人に幾らで再委託したのかも見えてきます。

このシート、国民にすべて公開されています。内閣官房行政改革推進本部のホームページからダウンロードが可能です。[1-1]

[1-1]

図1-1　行政事業レビューシート

事業番号 新02 - 0038

令和2年度行政事業レビューシート（経済産業省）					
事業名	持続化給付金		担当部局庁	中小企業庁	作成責任者
事業開始年度	令和2年度	事業終了（予定）年度 / 令和2年度	担当課室	長官官房総務課	中小企業政策上席企画調整官　今里　和之
会計区分	一般会計				
根拠法令（具体的な条項も記載）	-		関係する計画、通知等	新型コロナウイルス感染症対策の基本的対処方針（令和2年3月28日　新型コロナウイルス感染症対策本部決定） 新型コロナウイルス感染症緊急経済対策（令和2年4月7日閣議決定）	
主要政策・施策	-		主要経費	中小企業対策	
事業の目的（目指す姿を簡潔に。3行程度以内）	新型コロナウイルス感染症の拡大に伴うインバウンドの急減や自粛等の影響などにより、中堅企業、中小企業、小規模事業者、フリーランスを含む個人事業者、その他各種法人等の業況に大きな影響が出ている。このため、感染症拡大により、特に大きな影響を受けている事業者に対して、事業の継続を支え再起の糧となる、事業全般に広く使える給付金を支給する。				
事業概要（5行程度以内。別添可）	売上が大きく減少した事業者に対し、法人200万円、個人事業者100万円を上限に、現金を給付する。 ■給付対象者：中堅企業、中小企業、小規模事業者、フリーランスを含む個人事業者、その他各種法人等で、新型コロナウイルス感染症の影響により売上が前年同月比で50%以上減少している者 ■給付額：法人は200万円、個人事業者は100万円 ※ただし、昨年1年間の売上からの減少分を上限とする。 ■売上減少分の計算方法：前年の総売上（事業収入）-（前年同月比▲50%月の売上×12ヶ月）				
実施方法	委託・請負、その他				

予算額・執行額（単位：百万円）

		平成29年度	30年度	令和元年度	2年度	3年度要求
予算の状況	当初予算	-	-	-	-	-
	補正予算	-	-	-	4,257,595	
	前年度から繰越し	-	-	-	-	-
	翌年度へ繰越し	-	-	-	-	
	予備費等	-	-	-	915,000	
	計	0	0	0	5,172,595	0

図1-2　行政事業レビューシート（資金の流れ）

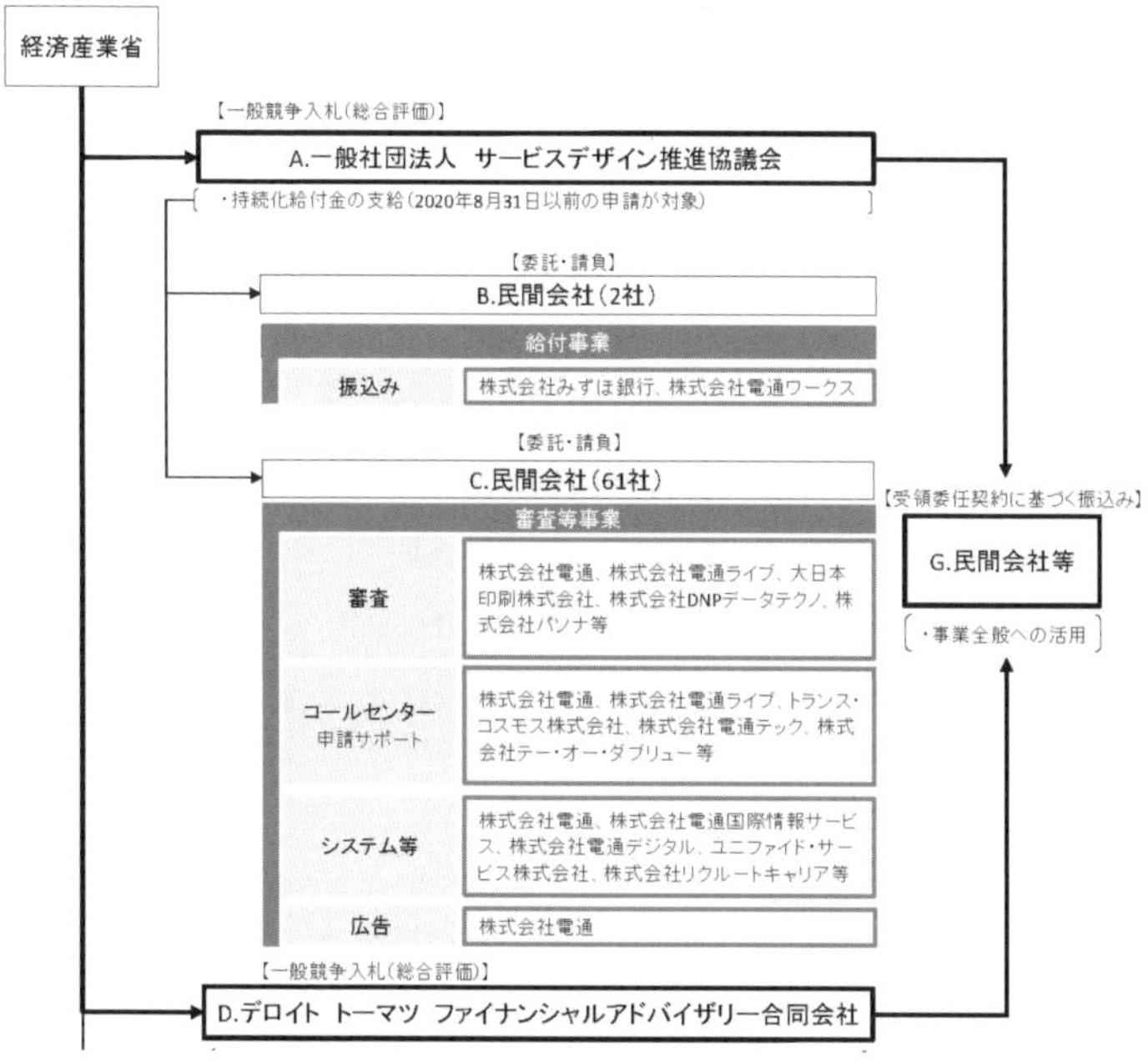

行政事業レビューには、取材の狙い目ともいうべきタイミングがあります。レビューシートが公表される8月末から9月にかけてです。11月に行革推進会議による検証が始まる前に、ぜひ独自のチェックをしてみてください。

「JUDGIT!」を使う

ただ、入手したい事業のシートを探すのは手間です。そんなときに威力を発揮するのが、「JUDGIT!」というサイトです。[1-2] シンクタンクの構想日本と、日本大学の尾上研究室、データ・ビジュアライゼーションを手掛けるVisualizing.JP、そして〝探査報道〟に特化したNPO法人Tansaの4者が運営していて、利用は無料です。

JUDGIT!では、行政事業レビューシートをデータベース化。事業別に検索したり、支出先ごとに検索したりすることができます。先に登場したサービスデザイン推進協議会を名前で検索すると、どんな事業を受託し、その事業に幾ら支出されたかが一覧になって出てきます。データの基になった、行政事業レビューシートの本体もダウンロードできます。

これを応用すると、例えばこんなふうに使えます。朝日新聞や東京新聞は、一般社団法人環境共創イニシアチブについても、公共事業を請け負い、運営費用の中抜きが疑わ

[1-2]

れているサービスデザイン推進協議会と同じような問題があるのではないかと報じました。実は私、記事が出る前からこの団体に注目していたのですが、その理由はJUDGIT!の検索機能で「一般社団法人」とだけ入力してみると、事業を受託した一般社団法人が一覧で表示され、当時はこの団体への支出額が他の一般社団法人を大きく引き離してトップだということが分かったからです。あまり聞いたことがない名前の法人が、いったいどんな事業をしているのか、気になりますよね。利用法によってはこうした取材のきっかけを見つけることができるわけです。同じように、自治体名や企業名でも検索して取材に役立てることができます。ただ、このところデータの更新が止まっているようで、最新のデータを入手するのは難しくなっています(2024年7月現在)。

行政事業レビューシートの弱点

残念ながら、行政事業レビューシートも万能というわけではありません。ある事業が多数の企業に委託されている場合、上位10社までしか表示されず、個人が受注している場合はA、Bなどの記号で表記され、名前が分かりません。最近では、委託先の企業の名前が記号のままというシートも散見されます。

毎日新聞は2020年の11月に、行政事業レビューシートに大量の誤記があったと報じています。これでは事業を検証するという本来の目的が果たせません。もちろん、取材に利用するときには、シートはあくまできっかけや参考資料で、記者は数字のダブルチェックをしていると思うのですが、なんとも心もとないです。政府の行政改革推進本部は、全省庁に調査させ、修正を求めるということでしたから、ぜひ正確なものを国民に公開していただきたいと思います。

「基金シート」にも注目を

行政事業レビューシートと同じように公表されている資料に、「基金シート」があります。複数年にわたる事業の財源として公益財団法人などに設置される「基金」について、執行状況や残高が分かるシートです。同じ内閣官房の行政改革推進本部のサイトから入手することができます。[1-3]

この基金シートなどを徹底的に分析した調査報道を、日本経済新聞の鷺森弘さんたちのチームが「国費解剖」として２０２１年から23年にかけて報道しました。執行率が低い事業や、費用の見込みが過大とみられる事業などを具体的に調べ上げ、問題点を指摘しています。報道を受けて会計検査院が調査に乗り出し、一部の基金について過大な算定を指摘。国庫返納などの対応を求める事態に発展しました。

［1-3］

「官報」は使えるツールです

「官報」は、法令など政府情報を国民に広く伝えるため、内閣府が行政機関の休日を除き毎日発行しているものです。法令だけでなく、政府関係機関の入札公告や地方公共団体の公告なども載るので、これを使って調べることができます。実は官報は、他にも個人に関する情報など、さまざまな情報を調べる万能ツール。それは後の章で解説するとして、まずは基本的な利用法と入札関連の調べ方について説明します。

国の事業については、建設工事なら工事名・場所・概要・工期・使用機材などがすぐに分かりますし、物品の調達なら調達品目・数量・仕様・納期が一目瞭然。そして共通して、入札や契約の方法・落札者・落札金額・予定価格なども分かりやすく表示されます。

「官報情報検索サービス」の申し込みは

「官報」は紙で発行されるものですが、「官報情報検索サービス」という独立行政法人国立印刷局が運営するサイトで内容を検索して調べることができます。[1-4] 月２２００円の有料サービスですが、それを補って余りあるほどの情報を得ることができるので、記者の方にはお勧めします。

[1-4]

ただ、利用を申し込もうとすると、このサイトにはちょっとした「罠《わな》」があります。「お申込み方法」の手順に従うと、「利用申込書に必要事項を記入し、全国48か所にある最寄りの官報販売所にお申込みください」と、極めてアナログなことが書いてあります。つまりネット申し込みは不可、東京都ならば千代田区神田錦町にある東京都官報販売所に申込書を持って行きなさいと。

ところが、当の東京都官報販売所のサイトを見ると、ネットで申し込みができるのですよ。まったくの謎仕様ですね。[1-5]

ただ、必ずしも有料の利用申し込みをしなければ使えないわけではありません。国立国会図書館をはじめ、幾つかの公立図書館では、館内でこの官報検索を使えるサービスを行っています。そちらに出向けば、利用料の負担なしで使うことができます。

実際に官報検索で調べてみる

では具体的に官報情報検索でどんな情報が取れるのか、見ていきましょう。まずは河野太郎さんが防衛大臣を退任するときの挨拶で、「人材が生き生きと活躍できる環境の方が大事だ。いつだったか、『トイレットペーパーと、F35戦闘機のどちらを買うか迷ったらトイレットペーパーを取る』と言ったことがあるが、今でもその気持ちは変わらな

[1-5]

い」と発言していました。ならばと、自衛隊がトイレットペーパーをどう調達しているかを検索してみました。すると、図1－3のように出てきました。

陸上自衛隊は、3月に株式会社ライオンからトイレットペーパー200万個を購入。1個当たり36・75円ですが、200万個ともなればかなりの金額になるので、一般競争入札が行われているのですね。

F35の調達は、さすがに一般に入札公告を出す性質のものではなく、官報には載っていないので（防衛装備庁の調達については「入札について調べるためのツール」の項［30頁］で説明）、代わりに「宮内庁」「車」で検索してみました。すると宮内庁が5月にトヨタから自動車2台を5542万円余りで購入していました。これが「御料車」なのかどうか

図1-3　官報情報検索の検索結果

次のとおり落札者等について公示します。
令和３年５月21日
［掲載順序］
①品目分類番号　②調達件名及び数量　③調達方法　④契約方式　⑤落札決定日（随意契約の場合は契約日）　⑥落札者（随意契約の場合は契約者）の氏名及び住所　⑦落札価格（随意契約の場合は契約価格）　⑧入札公告日又は公示日　⑨随意契約の場合はその理由　⑩指名業者名（指名競争入札の場合）　⑪落札方式　⑫予定価格

page="0102"
○分任支出負担行為担当官　陸上自衛隊補給統制本部調達会計部長　濱松　泰広　（東京都北区十条台１－５－70）

①6　②**トイレットペーパー**（120m巻シングル）2,000,000個　③購入等　④一般　⑤3. 3.23　⑥株式会社ライオン事務器東京本店　東京都新宿区西新宿７丁目３番７号　⑦36.75円（単価）　⑧3. 2. 1　⑪最低価格

は分かりませんが、トヨタのセンチュリーは新車で1200万円程度だといいますから、それと比べると倍ぐらいの価格。やはり特別仕様が施されているということでしょうか。随意契約で購入していますが、その理由は「排他的権利の保護」。つまりトヨタにしかできない仕様・意匠なので、トヨタから購入するしかないということ。いろいろと見えてきますね。

新型コロナウイルス治療の切り札といわれ、注目された人工心肺装置「ECMO」で調べてみると、興味深いことが分かりました。弘前大学は2020年7月に一般競争入札を行ってECMOを2080万円余りで調達していました。一方、同じ年の6月に愛媛大学は緊急性を理由に入札をせず、随意契約によって3364万円余りで調達しています。もちろん、メーカーも違いますし状況も違うと思いますので、一概に比較はできません。ただ、官報情報を使えば、物品の調達、同じような工事の入札について比較もできるということです。

ちなみに「随意契約」はあくまで例外的に行われるもので、政府調達は本来、入札が原則です。そこで、「随意契約」で検索してどんな調達が行われているか調べてみたところ、こんなものが出てきました(図1-4)。なんと、日本中央競馬会がNFT事業に乗り出すということなのでしょうか。NFTを利用した競馬ゲームなどはぼちぼちと現れてはきていますが、本丸は何を手がけるというのでしょう。ちなみに、NFTに関連した調達が官報に掲載されるのは、これが初めての例になります。随意契約の理由は「技術的理由による競争の不存在」となっていますね。契約相手は、日本中央競馬会の子会社であるＪＲＡシステムサービス。子会社しか持っていない、他社では競争にならないほどの技術とは何でしょう？　ブロックチェーン技術を持っている会社は数多いるかと思いますが、競馬に関わる何らかの技術のことなのでしょうか。

調達を公表する基準はＷＴＯに

ところで前記の大学の場合は、政府機関でもないのになぜ官報に調達情報が掲載されるのかと疑問を持たれる方がいるかもしれません。実は公表の基準は、「ＷＴＯ政府

図1-4　日本中央競馬会による随意契約の公示

次のとおり随意契約について公示します。
令和５年１月６日
契約等担当職　日本中央競馬会
法務部　契約室長　伊藤　哲也
◎調達機関番号　236　◎所在地番号　13
○５日競お客様サ第２号
1　調達内容
⑴　品目分類番号　71
⑵　購入等件名及び数量　ＮＦＴ（非代替性トークン）の活用に係る調査研究　一式
2　随意契約の予定日　令和５年１月27日
3　随意契約によることとする「政府調達に関する協定」の規定上の理由　b「技術的理由による競争の不存在」
4　随意契約を予定している相手方の名称
ＪＲＡシステムサービス㈱

調達協定」で定められています。「政府調達における国際的な競争の機会を一層増大させるとともに、苦情申立て、協議及び紛争解決に関する実効的な手続を定め、政府調達をめぐる締約国間の問題につき一層円滑な解決を図るための仕組み」であり、日本も協定の締結国なのです。

外務省のサイトには、どのような機関が対象となり、適用される基準額は幾らなのかが掲載されています。[1-6]「その他の機関」という項目を見ると、政府機関や地方自治体以外で対象となっている機関が一覧になっています。高速道路会社や、日本郵便株式会社、ゆうちょ銀行、日本中央競馬会、成田国際空港株式会社、ＪＲ、ＮＴＴ、日本年金機構、独立行政法人、それに国立大学法人なども含まれていることが分かります。つまり、これらの機関が行う一定以上の金額の調達行為についても、情報が入手できるということです。

「官報検索！」という無料サイトもあるけど……

官報情報の検索については、「官報検索！」という、おそらく個人が運営するポータルサイトもあります。[1-7] こちらは無料です。

ただ、どんな人がどう運営しているのか、私は把握していません。そして「プライバ

［1-6］

［1-7］

シーに関わる情報」は掲載されていないようですので、官報情報検索サービスと比べると情報量は少ないです。このため、私個人としては使用していません。

「e-Govポータル」を使う

「e-Govポータル」は「電子政府の総合窓口」で、「行政機関が発信する政策・施策に関する情報、行政サービス、各種オンラインサービスなどに関する情報を対象に、情報ナビゲーションに資することを目的としてデジタル庁が整備、運営するＷｅｂサイト」です。[1-8]

国が提供するさまざまな情報がどこにあるかを知らせるポータルサイトになっていて、例えばここから一部の行政文書の情報公開請求などもできます。どうにも使い勝手が悪いサイトだったのですが、デジタル庁に管理運営が移管されたことで、２０２３年３月31日に大きくリニューアルしました。

使い勝手の良いところとしては、現行の法令を検索できる「法令検索」や、省庁が持っている公文書の名前が記された行政文書ファイル管理簿の中身を検索できる「文書管理」などがあります。「パブリック・コメント」の意見募集と結果公示も横断的に調べられるようになっています。さらに「データポータル」では、「人口・世帯」「運輸・観光」「社会保障・衛生」「教育・文化・スポーツ・生活」「商業・サービス業」などといった、カテゴリ別

[1-8]

でも調べられるようになっています。

ちょっと面白いのは、「ショーケース」というグループです。「行政機関のバリアフリー情報」「日本の人口変化（年代別、地域別）」「宿泊旅行統計調査」などと、目的別に複数のデータセットがまとめられています。

「Open Government Partnership」とは

日本が情報公開で後れを取る中、世界的には大きな動きがありました。それが、世界各国が共通フォーマットでオープンデータに取り組もうという「Open Government Partnership（オープンガバメントパートナーシップ）」です。

米国のオバマ大統領（当時）の呼び掛けで2011年に設立され、多くの国や地域が参加していますが、残念ながら日本は不参加です。このフォーマットに従って、米国の場合は政府がオープンデータを提供しています。[1-9] 英国も同様です。[1-10]

- 予算、契約、入札結果
- 法人登記情報
- 医師の成果、病院への苦情、医療監査の結果
- 学校ごとの教育の評価

[1-9]

[1-10]

・犯罪、判決文、被告の情報

なども公開されています。個人の名前が出てくる公文書であっても、実名での公開が原則です。

また先進国では登記情報は公開されているところが多いのですが、日本では現在も有料であり、取材のときに結構な負担になるのが悩ましいところです。

情報公開制度の充実のために活動しているＮＰＯ法人情報公開クリアリングハウスが主催した勉強会で、韓国・ソウル市の情報公開について学んだのですが、当時の市長の方針で、世界的にも先進的な情報公開が行われているということでした。[1-11]日本ではデジタル庁がどこまでやってくれるのか、期待していますし、しっかり検証したいと思います。

［1-11］

地方自治体の事業を調べるためのツール

次に紹介するのは、地方自治体の事業などの内容を見られるオープンデータです。

「主要な施策の成果」を使う

地方自治法に基づいて、地方自治体が決算とともに議会に示すのが「主要な施策（政策）の成果報告書（説明書）」という書類です。年に1度しか出てきませんが、自治体がどんな事業を実施し、どれだけの費用を支出したかが分かる重要な資料です。住民にも公開すべき情報なのでネットでオープンにしている自治体も多く、ネットにない場合でも情報公開室などに行けば、情報公開請求をしなくても手に入ります。

内容は予算費目ごとの目次、一般会計・特別会計の状況についての決算報告、そして事業評価調書（事業評価シート・詳しくは後述します）です。書式は自治体ごとにまちまちですが、ほぼ同じような項目が掲載されています。

「事業評価シート」は地方版の行政事業レビューシート

自治体の行った事業について、事業ごとの予算や目標との比較、その評価や改善点をまとめたのが「事業評価シート」(自治体によって名称は違います)です。事業の評価については必ずしもシートの形式で作成されているとは限りませんが、作成している自治体は「主要な施策の成果報告書」に盛り込んだり、ホームページなどで公開したりしています。埼玉県秩父市の場合、この事業評価委シートそのものを「主要な施策の成果報告書」として公表しています。ホームページが分かりやすかったので、紹介しましょう。[1-12]

部課ごとにシートを入手して見ることができるようになっています。令和5年度のシートをのぞいてみると、例えば「教育委員会」で行っている小学校と中学校の「スクールバス運行事業」は評価が「C」となっていました。初めてプロポーザル方式で業者選定を実施したものの、二つの学校では受注業者がなく、結局、市直営でスクールバスを運行しているということです。なぜスクールバスが急務なのか、その理由も書かれていて、「児童・生徒数は減少の一途」→「クラス数の減少により県費でまかなってもらえる事務員の配置がない学校も」→「仕方なく市費で事務員を配置」→「財政面から事務員の雇用に限界」→「学校の統廃合も視野に」→「統廃合したらスクールバスの確保は必須」なのだとか。安定したスクールバス運営のため、運営方法・予算の見直しを模索するとしてい

[1-12]

ます。

「総務部」のシートで、「C」の評価がついている「情報系システム管理事業」では、職員がPCでインターネットを閲覧するためのシステムに接続できないなどの不具合が多発し、業務に影響が出ていることが分かります。なんと「1年経過しても原因、対処方法が不明」だとのことで、行政もデジタル化を推進しなければならない今の時代に、非常に不安が募る状況です。

このほかにも、経営合理化を図った第三セクターの「ちちぶ観光機構」が、令和5年度は赤字に陥ったことや、麻しん風しん2期の予防接種率が目標値を下回り、HPVワクチン接種、風しん抗体検査は接種率・受検率が低い状況にあること、各種施設で老朽化が進んでいるものの、予算の問題で改修が十分にできていないことなども浮かび上がってきます。

自治体が自らを検証し、マイナス面もオープンにするのは評価されるべきもの。「あら探し」という意識ではなく、何が社会の課題となっているのかを知り、一緒に解決していく視点で取材に利用していただければと思います。

「主要な施策の成果」では、自治体が交付した補助金についても調べられます。それについては国の補助金と合わせて、第1章「補助金について調べるためのツール」にまとめていますので、そちらをご覧ください。

「地方財政状況調査関係資料」を使う

地方自治体の予算・決算そのものを、直接調べたいという人もいるかと思います。北海道の夕張市が財政破綻して、2007年に財政再建団体に指定されたことなどをきっかけに、地方自治体の財政状況が注目されてきました。総務省のサイトには「地方財政状況調査関係資料」という財政に関する各種のデータを集めたページがあります。[1-13] 以下に、ここで入手できる注目の資料を幾つかピックアップしましょう。

「予算・決算の対比」

とにかくざっくりと、都道府県、市町村ごとに総覧して比較するのであれば、予算と決算を一覧にして比較できる資料があります。[1-14]

「決算カード」

「決算カード」は、都道府県や市町村ごとに普通会計歳入・歳出決算額、各種財政指標等の状況について、1枚のカードにまとめたものです。[1-15] 主要な項目が自治体ごとに一目で見られます。

［1-13］

［1-14］

［1-15］

「地方公共団体の主要財政指標一覧」

地方自治体の財政の健全性を見るための主な指標を一覧で見られます。[1-16] 例えば、前述した夕張市は、借入金（地方債）など現在抱えている負債の大きさを、自治体の財政規模に対する割合で表した将来負担比率が２２０・７（２０２２年）と、他の自治体と比べて極端に大きくなっていることが見て取れます。

一方、財政力指数、つまり自治体が標準的な行政を行う場合に必要な一般財源額（基準財政需要額）のうち、どの程度地方税等の収入（基準財政収入額）で賄えるかを示した数値（過去3年の平均）を見てみると、愛知県の飛島村が2・02と、抜群にいいことが分かります。

飛島村については、財政力指数の高さを基に東洋経済オンラインが「名古屋の隣にある『村』の日本一リッチな懐事情――『小さな村・地方の都市』の知られざる実力」という記事を発信していました。数字を見ていけば、こうした気付きにもつながります。

「基金残高等一覧」

地方自治体の貯金に当たる「基金」の状況がどうなっているかも、一覧で入手することができます。[1-17]

コロナ禍以前と比較すると、基金を取り崩している自治体が散見されます。こうした状況を基に、琉球新報は沖縄県の34市町村で財政調整基金が減少していて、半数はコロ

［1-16］

［1-17］

ナ禍が原因だという記事を出していました。東京新聞も財政調整基金の状況を集計し、「47都道府県の『貯金』が3分の1に　コロナで取り崩し　行政サービス低下の恐れ」という記事を発信していました。一覧があれば、こうした集計にも使えますね。

一部を紹介しましたが、財政関連の資料は、他にもさまざまなものが掲載されています。自分が担当する取材エリアの自治体の財務状況をのぞいてみると、思わぬ発見があるかもしれません。

都道府県の「オープンデータサイト」を使う

いま、自治体が自ら各種のオープンデータをサイトで発信するケースが増えてきました。人口動態からクマの出没場所まで、多種多様です。「宙畑」という宇宙ビジネスに関するサイトが各種のオープンデータをまとめていますが、その中に「47都道府県のオープンデータを閲覧できるリンク一覧」がありますので、利用してみてはどうでしょうか。[1-18]

また、2023年の冬に全国でクマの被害が相次いで問題になった際に、クマ出没の情報を可視化した自治体の発信をまとめました。[1-19] ウェブメディアの「SlowNews」に掲載しましたが、図らずも、各自治体のデータのオープン化を一望できるコンテンツになりましたので、こちらも参考にしていただけるといいかと思います。

[1-18]

[1-19]

入札について調べるためのツール

行政事業レビューシートなどが使えないときや、一つ一つの事業の受発注を詳しく見たいとき、あるいは「談合事件」の取材を行うときに必須の資料が「入札調書（入札経過調書）」をはじめとした、入札関連資料です。各省庁や地方公共団体は、「公共工事の入札及び契約の適正化の促進に関する法律（入札適正化法）」によって、以下の情報を公表しなければならないと定められています。

［第八条］

一　入札者の商号又は名称及び入札金額、落札者の商号又は名称及び落札金額、入札の参加者の資格を定めた場合における当該資格、指名競争入札における指名した者の商号又は名称その他の政令で定める公共工事の入札及び契約の過程に関する事項

二　契約の相手方の商号又は名称、契約金額その他の政令で定める公共工事の契約の内容に関する事項

以前は情報公開請求でしか入手できないところも多かったのですが、最近ではネットで公開する省庁や自治体が増えてきました。

例えば、東京都の千代田区のホームページでは、発注した公共工事の入札経過調書を月ごとに公開しています。2023年1月の入札経過調書に分かりやすいものがあったので、見てみましょう。道路維持工事の入札のようです(図1-5)。

千代田区が設定した予定価格が2016万円余り。予定価格というのは、発注する自治体側がこの事業に出してもいい金額の上限で、その金額以下で最も低い価格で入札した業者が落札できるわけです。この事業では3社が応札し、最も低い1620万円で入札した企業が落札していることが分かります。

入札調書で特に注目するのは、予定価格に対する落札価格(自治体によって表記が違いますが、この千代田区の調書でいうと、入札価格に消費税を加えた「落札(見積)金額」1782万円)の割合「落札率」です。この場合は88・37%、書類上は特に問題は見られないということになります。なぜ落札率に注目するのか、以下に述べます。

図1-5　入札（見積）経過調書

入札(見積)経過調書

件　　名	道路維持工事（第15号）		
場　　所	千代田区大手町一丁目３番先	期間	契約締結日の翌日から 令和 5年 3月24日まで
入札又は見積合せ	令和 5年 1月17日　　午前10時00分 場所　電子入札		
現場説明会等	年　月　日　　午前・午後　時　分 場所		
落札(見積)金額	¥17,820,000	予定価格 (含消費税額)	¥20,165,200
入札(見積)書記載金額	¥16,200,000	業　　種	道路舗装工事
落札(見積)業者名	ＧＯＬＤ株式会社		

入札(見積)業者名	入　札　（　見　積　）　金　額		
	第　一　回	第　二　回	第　三　回
三綱建設株式会社	¥16,400,000		
株式会社歩士建工業 千代田支店	¥17,200,000		
ＧＯＬＤ株式会社	¥16,200,000	落札	

入札に問題があるかをどう見極めるか

業者はなるべく高い金額で受注したいので、予定価格＝上限にできるだけ近い金額で落札しようと考えます。そこで入札する業者同士で事前に打ち合わせて、どの業者が幾らで落札するかを決めてしまうことがあります。これが「談合」と呼ばれる問題です。発注者側が予定価格などの情報を漏らし、談合が行われるのが「官製談合」と呼ばれるものです。

談合が行われているのであれば、落札金額は予定価格に近くなっていくので、「落札率」は高くなります。そこで、談合が起きていないか見分ける方法として、落札率についてこんなことが指摘されてきました。

【日弁連報告書】

・談合が行われている場合……98％、99％
・自由競争……75％、80％

【公取委・竹島委員長（当時）発言】

・談合をやめた場合、落札率は平均18・6％下落

【市民オンブズマン】

・95％以上……談合の疑い極めて強い
・90％以上……談合の疑いあり

２００５年に発覚した新潟県中越地震の復興事業をめぐる川口町の官製談合事件では、問題となった工事の落札率が99・75％でした。川口町発注の工事は軒並み落札率が高く、事件の前から談合などが行われていないかと懸念されていました。震災が引き金となって川口町は財政的に立ち行かなくなり、その後、長岡市に吸収合併されました。長岡市では現在、ホームページの「建設工事契約案件結果一覧」で落札価格や落札率を公表しています。[1-20]

では、落札率が90％以上なら談合をしていると言えるかというと、それは推測にすぎません。仮に99・99％だったとしても決して断定はできないのです。入札調書には役に立つ情報が含まれていますが、これらはあくまで取材のきっかけにするための参考資料だと考えてください。

ただ、入札調書を見てすぐに「これはおかしい」と言えるものもあります。それは予定価格とまったく同じ金額で落札する「１００％落札」です。それこそ超能力者でもなければあり得ません。つまり、事前に予定価格の情報が漏れていたか、容易に推察でき

[1-20]

るずさんな発注で入札が形骸化しているということで、どちらにせよ問題です。海上保安庁の巡視船などに使う燃料の一般競争入札をＮＨＫの郡義之記者らが調べたところ、２０１７年までの2年間に行われた６０６件で、１００％落札が半数以上の３０７件に上っていたことが分かりました。報道を受け、海上保安庁長官が入札方法に問題があったという認識を示し、入札方法の見直しが図られることになりました。

「入札情報サービス」を使う

官庁や自治体のホームページで公開されていなくても、入札の情報を手に入れる方法が幾つかあります。ここからはそれらを幾つか紹介しましょう。

「入札情報サービス」は、一般財団法人日本建設情報総合センター（JACIC）が運営しています。[1-21] 以前は国土交通省が行っていた電子入札システムを引き継いだもので、入手できる情報はそのシステムを利用している国土交通省・農林水産省・防衛省・内閣府の一部（旧建設系・農水系）・岐阜県の入札に関するデータです。建設工事の入札（随意契約も含む）に限られていて、掲載期間は4年間、利用は無料です。ただし防衛省の入札では4年を待たずに結果が削除されているケースがありましたので、注意が必要です。

統一フォーマットで提供されているため、スクレイピング（ウェブサイト上から必要なデー

［1-21］

タを取得すること)も可能だということです。

さて、ここまで紹介した官報や各省庁のサイト、そしてこの入札情報サービスでも、防衛装備庁が調達する戦車や艦船などは、入札になじまないこともあって出てきません。それらについては、防衛装備庁が毎年度、公表している「中央調達における調達実績」を調べる方法が入り口になります。[1-22]

「調達ポータル」を使う

公的な情報が入手できるサイトとしては「調達ポータル」もあります。[1-23]総務省が運営する政府電子調達(GEPS)のサイトで、電子調達を行う国の官庁はすべて対象ですが、地方自治体の情報はありません。役務や物品調達、簡易な工事などの入札情報を確認できます。

調達情報は一定期間で削除されますが、入札・契約情報は2014年6月のものからすべて保持されていて、削除はされないということです。ただ、登録と設定がかなり面倒で、これを日々利用している記者というのはあまり聞きません(もっと簡便に情報が取れてしまうことも多いので)。とはいえ、そういうものこそ、新しい何かの発見につながるかもしれないので、紹介しておきます。

[1-22]

[1-23]

「ＮＪＳＳ（入札情報速報サービス）」を使う

民間のものですが、一番、網羅的に情報が取れそうなのが、「ＮＪＳＳ（入札情報速報サービス）」です。[1-24]

クラウドワーカーの提供会社「うるる」が２００８年９月からスタートしたサービスです。私が話を聞きに行った２０１９年の時点では、官庁や地方公共団体など７６４８機関のホームページを週３回巡回して情報を集めていて、日本最大のデータベースになっているのではないかということでした。建設工事だけでなく、役務や物品調達もすべてフォロー。発注者がＰＤＦでしか公開していない情報も加工して統一フォーマットで提供しています（ただしスクレイピングはできない構造）。

機能をフルに使おうと思うと、月５万円程度のプランに入る必要がありますが、無料登録でもかなり使えます。

個別の入札を調べるだけではなく、例えば東洋経済オンラインは、ＮＪＳＳが収集した情報をベースに東京五輪に関連する公共事業を落札した法人を独自に調べ、ランキング化した記事を出していました。膨大なデータを記者が独力で集め、調べるのはまず時間的にも無理。こうしたサイトをうまく利用してはどうでしょうか。

［1-24］

「審決等データベース」を使う

入札での談合に加え、カルテルや私的独占など独占禁止法に抵触する事案で課徴金納付命令や排除措置命令などを受けた企業について調べるなら、公正取引委員会が提供する「審決等データベース」が使えます。[1・25]

審決の種類や適用された法律でも検索することができるほか、フリーキーワードでも検索が可能です。例えば「独立行政法人」というワードで検索すると、医薬品の発注にかかる入札や、新幹線関連の工事の入札で課徴金納付命令などを受けた事案が出てきます。

[1-25]

Column

▼談合事件の本質とは

2005年に発覚した新潟県中越地震の復興事業をめぐる川口町の官製談合事件で逮捕・起訴されたのは、川口町のナンバー2の総務課長でした(助役がいない町なのです)。各メディアは事件のことだけを報じましたが、課長が処分を受けた後、NHKが単独でインタビューをしたところ、「あれだけの膨大な復興事業を、うちのような小さな自治体がまともな手続きでやるのは無理だ。復興を進めるには仕方がないことで、警察から取り調べを受けるまでは悪いことをしたという認識すらなかった」と顔出し、実名で語ってくれました。本音を吐露してくれたのだと思います。

こうした取材をもとに、巨大災害の際に小さな自治体の力では限界があることを訴え、復興事業の問題点を伝える番組を制作・発信しました(これが本書の冒頭で紹介した、東日本大震災の復興予算の問題を指摘したNHKスペシャルにつながります)。

警察が発表した事件の内容をそのまま伝えることだけが報道ではありません。事件にはそれぞれの「顔」があるはずです。表面だけを報じるのではなく、それぞれの本質をつかんで伝えることこそが重要だと考えます。

補助金について調べるためのツール

「補助金等の交付決定についての情報の公表」を使う

国や自治体が交付した補助金を、誰が受け取ってどう使っているのか。これにもさまざまな調べ方があります。国の官公庁については「予算執行等に係る情報の公表等に関する指針」（平成25年6月28日内閣官房行政改革推進本部事務局）のおかげで、どういう事業でどういう団体に幾らを交付したかについて、ネットで公表されるようになりました。一覧になっているデータをエクセルファイルでダウンロードできます。

内閣府「補助金等の交付決定に係る情報の公表」[1-26]
宮内庁「予算執行に係る情報の公表＞年度ごと（補助金等に関する事項）」[1-27]
公正取引委員会「予算執行に関する情報の開示＞年度ごと（補助金等の支出状況）」[1-28]
警察庁「補助金の交付決定状況」[1-29]
カジノ管理委員会「補助金等に係る支出状況」[1-30]

金融庁「補助金等の支出状況の公表」[1・31]
消費者庁「補助金に関する情報」[1・32]
沖縄総合事務局「補助金等の交付決定に関する情報」[1・33]
デジタル庁「予算・決算＞予算執行＞年度ごと（補助金等の交付決定に係る情報）」[1・34]
復興庁「復興交付金事業計画の提出状況・配分状況・進捗状況」[1・35]
総務省「補助金等交付決定」[1・36]
総務省消防庁「お知らせ（交付決定ごとにｐｄｆ）」[1・37]
法務省「補助金等に関する情報の公表」[1・38]
出入国在留管理庁「外国人受入環境整備交付金について」[1・39]
外務省「予算執行等に関する情報開示＞補助金の交付に係る情報」[1・40]
財務省「補助金等の交付決定についての情報の公表」[1・41]

国税庁「補助事業について」[1・42]

文部科学省「予算の支出状況等の公表>年度ごと(補助金に関する事項)」[1・43]

文化庁(右記の文科省の一覧に、文化財補助金は以下に)

「文化財補助金等」[1・44]

スポーツ庁(右記の文科省の一覧に)

厚生労働省「予算執行の情報開示>年度ごと(補助金の交付決定状況)」[1・45]

農林水産省「補助事業、税制>補助金等の交付決定情報」[1・46]

林野庁「森林・山村多面的機能発揮対策交付金」[1・47]

「林業・木材産業成長産業化促進対策交付金」[1・48]

「補助事業参加者の公募結果」[1・49]

水産庁「選定結果(補助事業公募選定結果)」[1・50]

経済産業省(局ごとに公表)

関東経済産業局「補助金等の交付決定状況」[1・51]

北海道経済産業局「交付決定状況」[1・52]
東北経済産業局「補助金等の交付決定状況」[1・53]
中部経済産業局「補助金等の交付決定状況」[1・54]
　電力・ガス事業北陸支局「補助金等の交付決定状況」[1・55]
近畿経済産業局「補助金等の情報開示について」[1・56]
中国経済産業局「補助金等交付決定」[1・57]
四国経済産業局「補助金に関する情報開示」[1・58]
九州経済産業局「補助金等の交付決定に関する情報」[1・59]
資源エネルギー庁「契約締結状況＞補助金等の交付決定状況」[1・60]
特許庁「補助金等の交付決定に関する情報」[1・61]
中小企業庁「補助金等の交付決定に係る情報」[1・62]
国土交通省「補助金等に関する情報開示」[1・63]
　観光庁（右記の国交省の一覧に）
環境省「補助金等に関する事項」[1・64]
　原子力規制委員会「予算執行＞補助金等に関する情報」[1・65]

防衛省（局ごとに公表）

北海道防衛局「補助金等の交付決定額について」[1・66]
東北防衛局「補助金等の交付決定額について」[1・67]
北関東防衛局「補助金等交付決定額の状況」[1・68]
南関東防衛局「補助金等の交付決定額について」[1・69]
近畿中部防衛局「補助金等の支出についての情報公開」[1・70]
東海防衛支局「補助金等の交付について」[1・71]
中国四国防衛局「補助金等の交付について」[1・72]
九州防衛局「補助金関係」[1・73]
沖縄防衛局「補助金等の交付決定額について」[1・74]

一覧に気象庁と海上保安庁、防衛施設庁、公安調査庁がありませんが、そちらではそもそも補助金を支出する事業をしていませんでした。

都道府県の補助金については、国のような形で開示できているところはなかなかありません。ただ、北海道についてだけは以下のサイトを見つけました。

北海道「補助金等の交付に係る内容の公表について」[1・75]

[1-26]～[1-50]

[1-30] [1-29] [1-28] [1-27] [1-26]

[1-35] [1-34] [1-33] [1-32] [1-31]

[1-40] [1-39] [1-38] [1-37] [1-36]

[1-45] [1-44] [1-43] [1-42] [1-41]

[1-50] [1-49] [1-48] [1-47] [1-46]

[1-51]～[1-75]

[1-55] [1-54] [1-53] [1-52] [1-51]

[1-60] [1-59] [1-58] [1-57] [1-56]

[1-65] [1-64] [1-63] [1-62] [1-61]

[1-70] [1-69] [1-68] [1-67] [1-66]

[1-75] [1-74] [1-73] [1-72] [1-71]

ほかの府県については、支出先の名称は公表しているところはあったものの、金額までは掲載していないというケースが大半でした。このため、入手するには情報公開請求が必要になります。

「主要な施策の成果」を使う

地方自治体の補助金については別の調べ方もあります。前の項目でも紹介した、地方自治体が作成している「主要な施策の成果報告書」には、補助金事業についての報告も含まれていて、どういった団体や活動に幾ら交付しているのかが分かります。フォーマットが決まっておらず、自治体によって記述の詳しさに差がありますが、中には補助金事業の結果がどうだったのかというフィードバックを掲載している自治体もあり、「使い勝手が悪い」「役割を終えた」などという厳しい指摘が出ていて、取材に直結することもあります。

「主要な施策の成果報告書」はネットなどでオープンにされているので、地方自治体がどこにどのような補助金を出しているのかを手早く調べるのにも有効なツールといえます。

「補助金調書」を使う

官庁や地方自治体の中には、「補助金調書」を作成しているところがあります。補助金が適正に使われているかをチェックするためのもので、誰に、あるいはどんな団体に、どういう理由で、幾らの補助金を支出していたのかが分かります。補助金の効果や今後の方針を含めて、補助金ごとにシートでまとめられています。ただ、フォーマットが決まっているわけではないので、自治体によって書き方や内容にはかなりの差があります。

岐阜県関市のものが分かりやすかったのでそちらを見ると[1・76](令和元年度補助金調書)、コロナ禍で林業振興の活動が例年通りにできないことから、登山道の整備やきのこ教室などに使われる補助金が一時休止となっていました(農林課/林業グループ活動支援事業補助金)。また75歳以上のお年寄りを対象とした敬老会事業では毎年3000万円以上を支出していますが、「課題」の欄で対象年齢を80歳以上に引き上げることや1人当たりの金額の見直しに言及していて、補助金から地域の高齢化が浮かび上がってきます(高齢福祉課/関市敬老会事業補助金)。さらに関市は刃物の産地として知られますが、毎年開いている「刃物まつり」のイベントでは、「刃物を使った事件等の影響で会場警備費が増加し、人件費も増加して、業務委託費が年々増加」していることが課題になっていることが記載されています(観光課/刃物まつり事業補助金)。

[1-76]

一つの自治体の補助金を見ていくだけでも、さまざまな情報が得られます。特定のエリアを担当する記者の場合は、取材のきっかけが得られるのではないでしょうか。

「実績報告書」を使う

補助金調書は、補助金を交付した行政側がまとめたものですが、補助金を受け取る側が作成し、提出しなければならないのが「実績報告書」です。

「実績報告書」は、補助対象となる事業が終了したときに、当初の申請通りに事業が行われたかどうかを報告するものです。中身は、補助事業名・事業期間・事業の概要・具体的な取り組みについての報告書や、支出の内訳書・経費支出管理表などで、支出を証明する書類も添付されます。

この実績報告書がホームページでそのまま公表されることはなく、情報公開請求で入手する必要があります。過去には、東日本大震災の復興事業で、補助金が交付された会社が提出した実績報告書と添付された資料をＮＨＫが情報公開請求で入手し、不正な支出が行われたことを報道しました。事業者側が提出する報告書なので、不正があってもそんなことは書かれていないだろうと思うかもしれませんが、国税の調査官が語るごとく「カネは必ず足跡を残す」です。よくよく分析すれば、問題点を見つけることができます。

この実績報告書と同様に、補助金の申請から交付まではさまざまな文書がやりとりされます。特定の補助金について徹底的に調べたいときには、入手し分析してみてもいいかもしれません。

「補助金返還命令書」を使う

分析する手間さえなく、一発で補助金の不正が分かる究極の公文書があります。それが「補助金返還命令書」です。事業者が補助金適正化法に違反する不正な補助金の使い方をしたことが発覚した場合などに、国や自治体が「返せ」と命じるものです。

返還命令は、省庁や自治体が自らホームページなどで公表することもあります。情報公開が必要な場合でも、自治体側が問題視しているので資料が出やすく、しかもすぐ取材に結び付けることができるので、返還命令が出ていないかはまず取材してみるべきポイントです。

『補助金総覧』を使う

そもそも国の省庁が、どのような事業に幾らの補助金を支出しているのか。それを1冊にまとめた資料が年1回発行されていた『補助金総覧』です。

かつてはこれが補助金を調べるための唯一といっていい資料でした。発行部数も少なく、霞が関の「政府刊行物センター」に行かなければ買えなかったので、本当にやっかいでした。現在は発行を停止していますが、過去のケースを悉皆《しっかい》的に調査したいときには必要になるかもしれないので紹介しておきます。

「これから募集する補助金」の情報はネットで無数に

記者が使うケースは少ないとは思いますが、最近ではこれから応募できる補助金を紹介する、省庁や自治体以外のサイトが数多くあります。

有名どころでは、独立行政法人の中小企業基盤整備機構が運営する、中小企業などのためのポータルサイト「J-Net21」などがあります。[1-77]

他にも民間企業が運営するサイトが数多くありますので、ググればすぐ見つかります。必要な方は探してみてください。

[1-77]

補助金に関しては、受け取った企業側の情報から調べることもできます。その方法については第3章「民間企業を調べる」で説明したいと思います。

Column

▼ ピッチイベントに出よう

新興ベンチャーが投資家を探すために開かれているピッチイベントは、ジャーナリストにもお勧めです。紹介された企業の新たなサービスがそのまま経済記事になるケースもありますが、見たこともないテクノロジーやツールが次々と紹介され、取材や新たな発信方法のヒントを得られるので、本当に勉強になります。私はデロイトトーマツなどが毎週木曜の朝7時から開いている「Morning Pitch」にはかなり足しげく通っていました（これが私の「朝駆け」でした）[1-78]。実際にそこで得た知見を報道に利用したり、ベンチャーや投資家の方と面識を得たりしました。

コロナ禍以後はオンラインで開かれているイベントが増えたので、参加しやすいと思います。また、私の知る限り、朝日新聞社とＮＨＫでは、こうしたベンチャーの経営者を招いて社内で独自のピッチイベントを開催し、連携の芽を探っていました。

本書で取り上げている数々のツールも、実は多くがこうした「取材方法の取材」で知ったものです。最近では「ジャーナリストのために作られたツール」もありますが、取材の基本テクニックのほとんどは別の目的のために作られ、それをジャーナリストが「使える！」と「発見」したものです。そして「手法の発見」はそのまま新たな調査報道スクープにつながります。

［1-78］

第2章

公益的な法人を調べる

各種法人が公開している情報

ここからは社団法人、財団法人、NPO法人、社会福祉法人、独立行政法人といった、各種の法人の調べ方について紹介していきます。

各種法人は、以下のような情報をホームページや所管官庁で公開しています。法人の種類によって多少変わりますので、詳しくはそれぞれの項で述べますが、実に多くの情報を含んでいる資料なので、法人を調べるときにはまず手に入れていただくとよいかと思います。

財務諸表

・正味財産増減計算書（収支計算書は徐々になくなり、これに集約）

企業でいうP／L（損益計算書）に当たる。

期間内の収益と費用を記し、財産がどうなったかを示す。

・貸借対照表

BS（バランスシート）。資産と負債の関係を示す。

・重要な会計方針

関連会社の経営状態や債権の処理など、重要な問題の記載も。

財産目録

預金、株、債券など法人がどんな財産を保有しているかが分かる。

事業報告書、事業計画書

どのような事業をしているのかが分かる。

法人によっては受け取った補助金の使い道についても記載。

役員名簿

法人以外での肩書も記載。出身母体や天下りも判明。

会員（社員）名簿

業界団体であれば、個人ではなく法人が会員のことも。

特に「財務諸表」については、本当に多くの情報を含んでいるので、コラム「事件記者的な『財務諸表』の読み方」（70〜75頁）で解説します。

社団法人・財団法人を調べるためのツール

「一般社団法人」の闇とは

まずは社団法人と財団法人から説明しましょう。

財団法人とは、特定の財産を管理・運用して活動するための団体です。設立には300万円以上の拠出金が必要な上、理事、評議員、監事を置く必要があります。よく知られたところでは、例えばＪＯＣ(日本オリンピック委員会)も財団法人です。

ただ、こうした活動の内容がよく知られた財団法人ばかりではありません。過去には、大学が裏口入学のための寄付金を受け入れる窓口として使われたケースや、資産家が課税を免れるために資産をプールする道具として使われたこともありました。

しかしそれよりも闇が深いのが、社団法人です。後述する一般社団法人を設立する場合は、資金は必要ありません。たった2人の社員(個人でも法人でも可)がいれば、登記して設立ができてしまうのです。実に簡単につくれるため、今次々と増えていると言われています。東京商工リサーチによれば、２０１９年までのデータでは年間約６０００もの法人が新設されています。

社団法人は活動の種類によって、おおまかに四つに分けることができると考えています。

①「業界団体」的な社団法人

経団連、日本医師会、全日本トラック協会、日本水商売協会など

②「同窓会」「学会」など同好の士のための社団法人

○○大学同窓会、日本アレルギー学会など

③「民間では困難な事業を担う」「官の事業を担う」社団法人

全国被害者支援ネットワーク、サービスデザイン推進協議会など

④「怪しい」社団法人

明らかに特定のカネもうけのためにつくられたようなもの

社団法人が設立しやすい制度になっているのは、②の同窓会のようなものを法人化できるようにするという側面もあります。一方で、その「設立しやすい」制度があだになって、④のような社団法人も登場してしまっているわけです。

さて、社団法人にも財団法人にも、「公益」「一般」という区別があります。

これは2008年の法改正で区分されたもので、「公益社団（財団）法人」と「一般社団（財団）法人」のどこが違うかというと、公益法人の場合、公益性の高い事業を行うことを担保することで税制上の優遇を受けることができます。通常は一般社団（財団）法人としてまず設立し、所管官庁から公益認定を受けて、公益法人になる形です。

とはいえ、実は一般法人の方がメリットが大きいと考える人も多いようです。「公益」も「一般」も、いずれも財務諸表や事業計画の公表が義務付けられますが、「一般」の場合は社員や債権者しか見ることができません。ですから事実上、部外者には情報公開をしなくていい＝「ブラックボックス」化してしまうのです。

とりわけ一般社団法人の場合は設置が比較的容易で、非営利型法人の要件に該当すれば、一部、税制上の優遇も受けられます。非営利法人であっても利益を上げる事業は可能で、利益の分配はできないものの、役員報酬や給与を与えることはできます。実に使い勝手がよく、監督する官庁もありません。ただ、以前のように相続税対策として一般社団法人に資産をプールするやり方は、法律の改正で難しくなったと言われています。

ちなみに、経団連のような巨大組織も驚いたことに一般社団法人でした。そして経済産業省からの委託事業が問題となったサービスデザイン推進協議会も一般社団法人です。

こうした一般社団法人の在り方をめぐっては、毎日新聞が「2018年度までの4年間に一般社団法人に支出された予算が少なくとも1兆3500億円に上ることが分かった」という報道をしています。情報を十分に公開していない一般社団法人に、これほど巨額の予算が流れていることに懸念を禁じ得ません。

社団法人、財団法人が公表している情報

では、法人が公開している情報を具体的に見ていきましょう。例えば先に述べたJOCの場合、公益財団法人なので、自前のホームページで各種資料を公開しています。[2-1]「貸借対照表」「正味財産増減計算書」「役員名簿」など、いろいろと入手できます。公益財団法人、公益社団法人の場合は、所轄庁にもこれらの資料を提出し、誰でも見られるようにしておくよう定められています。

一方で、一般社団法人であるサービスデザイン推進協議会の場合は、ホームページにこうした資料は開示されていません。ここで開示する必要がないからです。

ただし、一般社団法人であっても、財務諸表などは事務所に備え置く規則になっていますので、存在はしているはずです。「社員」「債権者」なら見ることができますので、どうしても必要な場合は、オープンデータではありませんが、ヒューミントな取材でそれらの人に接近してなんとかしましょう。

ただ、一般社団法人といえども「決算公告」は開示が法律で義務付けられています。財

［2-1］

務に問題がないか、取引先などが確認できるようにするためです。「貸借対照表」の要旨に当たるもので、「官報」「日刊新聞」「電子公告（ホームページ）」のいずれかに掲載するか、「不特定多数が認識できる場所」、つまり通りに面した事務所の前の掲示板に張り出す必要があります。

ところが、サービスデザイン推進協議会は設立から一度も決算公告をしていませんでした。持続化給付金の事業委託が問題になった際に発覚し、財務もチェックできないようなところに多額の事業を発注したのかと批判され、当時の梶山弘志経済産業大臣が遺憾の意を表明する事態になりました。この事態を見て慌てて開示をした別の一般社団法人もありました。

決算公告については、株式会社も行うよう会社法で定められているのですが、制度の認知が低いせいか、実施していない会社が多いのが実情です。

「公益法人Information」を使う

公益の社団法人、財団法人についての情報を内閣府が公開しているのが「公益法人Information」です。冒頭に挙げたような公益法人の基本的な資料はこちらで入手することができます。[2-2]

[2-2]

サイトマップの一番下に、「事業報告等の閲覧請求」という項目があるのでそこから法人の情報を得ることができます。[2-3]

「定款」をはじめ「事業計画書」「社員名簿」、そして各種の財務諸表など13種類の資料をPDFでダウンロードできます。ただし、請求者の氏名やメールアドレスも入力しなければなりません。公開が義務付けられている情報なのに、なぜこちらの情報を提示する必要があるのか疑問ですね。

このサイトにはもう一つ注目点があります。法人に問題があって勧告を受けた場合、報告書や法人の認証取り消しなどの情報も掲載されるのです。例えば、コーチによるパワハラが世間を騒がせた公益財団法人日本レスリング協会のケースでは、生々しいパワハラ行為の理由なども記載され、知ることができます。

「立ち入り検査報告書」を使う

２００１年4月に情報公開法が施行された頃、公益法人への官僚の天下りなどが問題になっていました。そこで、霞が関の官庁が所管するすべての公益法人への「立ち入り検査報告書」を入手してみると、とんでもない指摘事項が次々と出てきました。いずれも役所がこっそり処理しようとしていた問題事案で、しばらくはネタに困りませんでした。

[2-3]

・「気のエネルギー」の測定技術を開発するという謎の事業をやっている
・公害防止をうたう商品の販売で裁判沙汰に
・事務局長が3500万円で法人を外部に売り渡そうとしている
・特定政治家への献金は公益法人として不適切
・公益法人なのに株を保有しているのは不適切
・株式会社との事業の一体化が見られ「トンネル法人」となっている
・理事の家計と法人の財務が公私混同されている
・警察教科書等の出版事業で固定の業者と随意契約をしているが、競争入札にすべき
・監事に就任したことになっている人物がそのことを知らず、故に一度も監査が行われたことがない

問題が発覚した団体の一つに、外務省が所管していた社団法人国際交流サービス協会がありました。この団体は海外にある日本の在外公館(大使館や総領事館など)に派遣員と呼ばれる嘱託職員を送り込む事業を一手に担っています。1973年から雇用を独占的に受注し、報道した時点までに1694人を派遣していましたが、立ち入り検査報告書で、勤務時間や時間外手当を規定した「就業規則」を作成しておらず、「早朝・深夜手当」を支払っていないことが指摘されていました。本来、支払うべきだった残業代の総額は27年

間で数億円に上り、「労働者派遣法に違反」していると指摘されていたため、その問題を報道しました。この報道を受けてか、現在の国際交流サービス協会のサイトには、派遣員の雇用について「労働者派遣法の下で」と記され、就業時間も明記されています。

とはいえこの社団法人、その後、公益法人ではなく一般社団法人になっていました。国からこれだけ独占的な事業の受注をしていながら、もはや立ち入り検査も行われません（そもそも立ち入り検査をする主体が存在しない）。

立ち入り検査報告書については、社会福祉法人の場合は所轄庁からの定期的な監査があるので、その報告書が作成されます。NPO法人については、法令違反の疑いがある場合には、立ち入り検査が行われたり、報告を求められたりする仕組みです。

「指導文書」を使う

2014年5月に放送されたNHKの「クローズアップ現代　検証　公益法人改革」では、立ち入り検査報告書だけでなく、「指導文書」「命令書」も入手して報道。中には、財団法人の基本財産を取り崩して理事が経営する会社に貸し付けていた問題を指摘しているケースなどがありました。

「指導文書」は、社会福祉法人やNPO法人でも作成されます。

「公益法人の指導監督基準」を使う

公益法人の事業内容をチェックするため、政府は「公益法人の設立許可及び指導監督基準」を定めています。1996年に閣議決定され、その後、何回か改定されていますが、これが基本になっています。[2-4] 公益法人として適正な運営といえるかどうかという基準が定められており、立ち入り検査もこれに即して行われてきました。示されたチェックポイントは、以下のようなものです。

- 営利企業のような事業をしていないか
- 国や自治体の機関と誤認されるような名前などになっていないか
- 理事のうち同一親族や特定企業関係者が3分の1を超えていないか
- 理事の報酬や退職金が高過ぎないか
- 財産の運用は元本が回収できる可能性が高いものか
- 長期借り入れをする場合は所管官庁に届けているか
- 内部留保が多過ぎないか
- 管理費や人件費の割合が過大になっていないか
- ポートフォリオ運用や寄付された株以外に株を保有していないか

［2-4］

・適切な情報公開をしているか

明確な「法律違反」がないケースでも、こうした点に抵触していれば問題を指摘することができます。指導監督基準以外にも、私が取材の際にチェックしていたポイントを以下にまとめておきます。こちらは公益法人だけでなく、一般法人でもチェックするポイントになると思います。

・過大な事業委託をされていないか
・事業を丸投げ（一括再委託）していないか
・委託された事業費が別の目的に流用されていないか
・過大な補助金を受けていないか、使途は適正か
・不透明な融資やそれに伴う焦げ付きが発生していないか
・民間企業と一体化していないか
・立ち入り検査を受けているか、指導や勧告を受けているか

こうしたチェックポイントを、公開情報に基づいて記事化した例については、コラム「事件記者的な『財務諸表』の読み方」（70～75頁）で具体的に解説します。

社団法人・財団法人への事業委託の問題

サービスデザイン推進協議会への事業委託が問題視されたように、公益、一般を問わず社団法人や財団法人への事業委託は問題になってきました。

国が行う契約の再委託については、2006年に財務大臣が出した「公共調達の適正化について」という通知で、受託者が再委託を行う場合には、再委託先の名称やその必要性を記した書面（再委託承認申請書）を提出させて、合理的理由や業務履行能力などを審査する必要があるとされています。会計検査院が、中小企業庁がサービスデザイン推進協議会に発注した持続化給付金事業の検査をしたところ、再委託費率が99・8％と、禁止されている一括再委託（いわゆる丸投げ）ギリギリの高い率で、特に電通への再委託が97・4％となっていました。検査院は中小企業庁に対し、再委託が禁止される企画管理業務に該当していないかを十分に確認せず、検証した上で再委託を承認したのかという明確な記録さえ残していないと指摘しています。

総務省が2011年度から12年度上半期までの各府省の状況を調査した際にも再委託承認の審査などを適正にしていないケースが数多く見られました。再委託申請書は地方自治体でも提出を求めており、社団・財団法人に限らず、これを入り口に調べる方法もあります。

NPO法人を調べるためのツール

NPO法人の情報のありかは、その種類による

ボランティアなど、非営利の活動をするNPO法人を設立するには、所轄庁（自治体）の認証が必要になります。所轄庁はそのNPOの活動範囲によって変わってきます。

・二つ以上の都道府県に事務所を置くなら「主たる事務所」のある都道府県
・一つの政令指定都市だけに事務所を置くなら、その政令指定都市
・それ以外は都道府県

認証を得たら、その自治体に財務諸表や事業報告書などを提出する必要があります。提出された資料は、閲覧や複写が可能です。

さらに事業年度当たり3000円以上の寄付をしてくれた人が平均100人以上であるなどの条件を満たせば、所轄庁から認定を受けることができ、「認定NPO法人」と

なれば、税制上の優遇措置も受けられるようになります。認定NPO法人の資料は、所轄庁だけでなく法人の事務所でも閲覧・複写が可能になり、ホームページにも掲載されます。

ちなみに「特例認定NPO法人」というものもあり、内閣府の説明によると、「設立後5年以内のNPO法人のうち、運営組織及び事業活動が適正であって特定非営利活動の健全な発展の基盤を有し公益の増進に資すると見込まれるものにつき、要件からパブリック・サポート・テスト（注 前述の寄付金の基準）を免除し一定の基準に適合した場合は、税制上の優遇措置が認められる『特例認定』を1回に限り受けることができます」とのことです。

「内閣府NPOホームページ」を使う

基本的な情報なら、所轄庁に行かずとも入手できます。内閣府が運営する「内閣府NPOホームページ」には、全国のNPOの情報が集まっています。[2-5] キーワードやエリア、活動分野などからも探すことができ、法人ごとに基本情報が記載されたページが表示されます。より詳しい情報が欲しいときには、そのページに貼られているリンクから所轄庁のサイトを表示することができ、例えば東京都に認証された

[2-5]

法人なら、東京都生活文化スポーツ局の「ＮＰＯ法人ポータルサイト」へ遷移します。[2-6]定款や役員名簿、事業報告書、財務諸表などは、そちらで入手できます。

ＮＰＯの「改善命令の要件」でチェックする

「公益法人の指導監督基準」と同様、ＮＰＯにもチェックポイントがあります。例えば、東京都はＮＰＯ法人に「改善命令」を出す要件として、次のようなポイントを挙げています。

1．次に掲げる法人の要件を欠くに至った場合

- 営利を目的としない団体であること
- 社員の資格の得喪に不当な条件をつけないこと
- 役員のうち報酬を受ける者の数が役員総数の3分の1以下であること
- 宗教活動を主目的としないこと
- 政治活動を主目的としないこと
- 特定の公職の候補者、公職者、政党の推薦、支持、反対を目的としないこと
- 暴力団又は暴力団やその構成員の統制下にある団体でないこと

[2-6]

・10人以上の社員を有するものであること

2. 法令、法令に基づいてする行政庁の処分若しくは定款に違反する場合

3. 運営が著しく適正を欠く場合

改善命令を出されても従わないと、設立の認証を取り消され、解散ということになります。また事業報告書など、情報公開を義務付けられた書類を3年間以上提出しない場合も、認証取り消しとなります。つまりこれらのチェックポイントに反していることが取材で分かれば、所轄庁の改善命令を待たずとも、問題を指摘することができます。

さらに改善命令や認証取り消しは、所轄庁のホームページに掲載されますので、そこで問題のあるＮＰＯ法人をチェックすることもできます。ちなみに東京都の場合、２０２３年度には58法人もの認証取り消しを行っています。法人の名前もサイトで公表しています。[2-7]

[2-7]

その他の公益的な法人を調べるためのツール

社会福祉法人を「WAM NET」で調べる

社会福祉法人は、介護老人保健施設や老人ホームの経営、障害者支援施設の入所サービスや在宅のデイサービスなど、さまざまな社会福祉を目的とする事業を行う法人で、法人が所在する都道府県や市の首長の認可を受けて設立されます。

２０１６年の社会福祉法改正で事業運営の透明性を図る社会福祉法人制度改革が実施され、「現況報告書」「計算書類（財務諸表）」を法人のホームページで公開することが義務付けられました。ホームページが存在しない場合は、所轄庁のホームページで公表されます。

しかし今では、独立行政法人の福祉医療機構が運営する「WAM NET」というサイトに「社会福祉法人の財務諸表等電子開示システム」ができました。こちらで現況報告書も計算書類も入手することができます。[2-8] 自治体によっては、WAM NETにすべてを委ねて、自前のホームページでの公表をやめたところも出てきています。

[2-8]

社会福祉法人の運営が不適切な場合は、社会福祉法に基づいて「改善措置命令」や「業務停止命令」「役員解職勧告」「解散命令」が所轄庁から出される場合があります。これらもそれぞれの所轄庁でチェックするといいかもしれません。

独立行政法人はそれぞれのホームページで調べる

「独立行政法人」とは、各官庁の政策を具体的に実施する部門から一部の事業を分離し、独立した法人格を与えて効率的に事業を行わせるために設立されたものです。このため、行政が直接的に業務のチェックを行うことになっていて、総務省には第三者機関の独立行政法人評価制度委員会が設置され、主務大臣による目標策定、評価や業務・組織の見直しをチェックし、必要に応じて意見を述べることとされています。

独立行政法人は、2024年4月1日の時点で87法人あります。e-Govに各法人へのリンクが掲載されています。[2-9]

国民生活センターや国立印刷局、大学入試センター、理化学研究所、航空大学校など、聞き覚えのある法人が多いのではないでしょうか。法人としての性質上、これまで紹介してきた法人以上に詳しく情報公開することが求められており、各法人はそれぞれのホームページに掲載しています。おなじみの事業報告書や財務諸表だけでなく、報酬や

[2-9]

退職手当の支給基準や就業規則なども公開しています。

国立病院機構の施設を調べる

独立行政法人のうち、国立病院機構にはかつての国立病院などが移行した施設があり、全国の施設の情報をサイトにまとめて公開しています。[2-10]

国立大学法人もそれぞれのホームページで調べる

国立大学法人にも、独立行政法人通則法の多くが適用され、それぞれの大学のホームページで同様の情報公開をしています。参考に、私のふるさと、岐阜市にある岐阜大学の公開ページへのＱＲコードを付けておきます。[2-11]

[2-10]

[2-11]

Column

事件記者的な「財務諸表」の読み方

本書でやたらと出てくる「財務諸表」ですが、なぜ重視しているのか。それは情報が本当にたくさん詰まっているからです。今やオープンにされているものが多いので、使わない手はありません。

一般的な読み方、あるいは経済記者的な読み方は、解説書などが多数あるので、そちらをご覧ください。完全に「我流」ではありますが、眺めていくだけで「あれ？　おかしくないか」と気付ける事件記者的なポイントを解説します。

「損益計算書」「正味財産増減計算書」を眺めてみよう

収入（Profit）と支出（Loss）を記入した「損益計算書」（P／L）、各種法人の場合は「正味財産増減計算書」と呼ばれる財務諸表を見てみましょう。

「受託料収入」がやたら多いと、官庁などから多額の事業委託を受けているということが分かります。取材のターゲットにすべき法人かどうかが見分けられるということです。「補助金」をどれくらい受け取っているのかも見て取れます。「事業収入」と比べて比率があまりに大きければ、補助金を入手するだけ、あるいはばらまくことだけが目的化してしまった法人である可能性も出てきます。

「退職給付引当金」は、役員や理事などが退職する際の退職金をあらかじめ引き当てておくものです。過去には天下り法人を渡り歩いて、何度も退職金をせしめる官僚ＯＢが問題となりました。多額の退職金になっていないかどうか、チェックしておきましょう。

「管理費」をチェック

公益性の高い法人では給与や交通費、水道光熱費など各種の経費が含まれる「管理費」にも目を配りましょう。

事業収入もなく、補助金を受け取るばかりで給与がやたら高い。そんなケースが見られればもちろん問題なので、管理費の割合には注目すべきです。

さらに管理費の中で「渉外費」がやたらと突出しているケースがあれば注目しましょう。渉外費とは一般企業でいうと、交際費みたいなもの。要するに飲み食い代です（そうでないものも含まれることがあるので確認が必要ですが）。特に公益性が高い法人の場合、そんなに必要なのかどうか検証してみてもいいかもしれません。

「過年度法人税」をチェック

Ｐ／Ｌに「過年度法人税」という項目が登場した場合、これは絶対に見逃せません。

Column

過去の年度の法人税、つまり本来なら納めるべきだった税金の支払いが今になって発生したということです。こういうことが起きる原因の第一は、「国税当局に税務調査に入られて、申告漏れや所得隠しを指摘され、追徴課税された」ということ。国税担当記者はもちろん、そうでない方も注目を。

国税当局は検察に脱税を告発するごく一部のケースを除いて発表をしません。過年度法人税の記載は、いわば企業側からの発表のようなものなので、気になる企業の決算発表のときや、法人の財務諸表を入手したら、まずこの項目がないか見てみましょう。

「未払法人税等」をチェック

今度は、資産と負債の状況を示した「貸借対照表」(Balance Sheet=BS)を見てみましょう。これは企業でも各種法人でも同じ名称です。

「未払法人税等」という項目があれば、税金を滞納しているのかもしれません。公益性の高い法人が多額の滞納をしているとしたら、何か特別な事情があるかもしれず、取材をかけたいところです。

以前、住宅金融専門会社(住専)が巨額の不良債権を抱え、公的支援を受けるに至った問題がありました。その際に主要な融資先の麻布建物の貸借対照表を眺めていたところ、多額の未払い法人税があるのを見つけ、「住専融資先の麻布建物が18億円余りの税金を滞納していることが判明した」と報じることができました。不良債権が回収できないだけでなく、それに加えて税金も支払われないままになっていたことが分かったわけです。

「破産更生債権等」をチェック

ＢＳの中に「破産更生債権」を見つけたら、これも要チェックです。

破産更生債権とは、融資先の経営が破綻するなどして、回収が不可能になった金額を表しています。多額であれば、その企業の屋台骨を揺るがすものになりますし、公益性の高い法人であれば、原資は税金に由来するかもしれず、なぜそのようなことになったか問われるべきです。

２０１０年に、当時の独立行政法人すべてのＢＳから破産更生債権がどれほどあるか調査したところ、総額で１兆８２００億円もの巨額が焦げ付いていることが分かりました。中身を調べてみると見込みの甘い投資が大半で、これは問題だと「ニュースウオッチ９」（ＮＨＫ）で３日間にわたって報じました。

「投資有価証券」をチェック

「財産目録」には、その法人が保有している財産が列挙されています。債権も財産として並べられています。

特に「投資有価証券」の項目には、保有している株や国債などが登場するので、おかしなものがないかチェックしてみましょう。

これまた古い話で申し訳ないのですが、旧大蔵省の天下り先で、企業に海外の投資先を紹介する財団法人が、アルゼンチン国債を7億円分購入していたのですが、アルゼンチンがデフォルト（債務不履行）に陥って紙くず同然になっていました。投資先を紹介する財団が自ら資産運用に失敗していたと、当時の「ニュース7」（NHK）で報じました。

「土地」「建物」もチェックを

財産目録には、土地や建物などの普通財産も記載されます。ぼんやりと見ていると、「公益法人だって建物ぐらい持つだろう」で終わってしまうのですが、よくよくチェックしてみましょう。

過去に腸管出血性大腸菌「O157」による食中毒が広がり、社会問題化していた際、O157を検査する厚生省所管の財団法人は、かなり羽振りのよい状態でした。検査料収入で新たな本部ビルを購入し、元のビルは貸しビルにして収入源に。さらにまたビルを購入して……と、まるで不動産業のようなことをやっていたのです。この時点で「内部留保」は1億2000万円に上り、さらに不動産とその収入もありました。内部留保の問題だけでなく、「営利企業のようなことをしてはいけない」という基準にも引っ掛かりそうな状態でした。これも、財産目録をはじめとした財務諸表の分析（もちろん、登記簿も使いましたけど）で解明できた問題でした。

「重要な会計方針」をチェック

財務諸表の中にある「重要な会計方針」には、その名の通り財務にまつわる重要な案件が記載されるので、注目すべき資料です。

独立行政法人情報処理推進機構の資料の「重要な会計方針」に、関連会社を解散させたとする記載が相次いでいました。調べてみると、この法人はＩＴ技術者を養成するために「〇〇ソフトウエアセンター」などという、いわば官製ＩＴ企業を全国に設立していたのです。原資はもちろん税金で、地元の自治体にも出資させていました。ところが、人が通いにくい場所に設立したり、ハコモノ優先の計画で建設費用の返済に追われたりと次々と経営難に陥り、２０１０年の時点で設立した20社中５社が解散、10社が累積赤字を抱えていました。エンジニアを育成する取り組みそのものは重要なのですが、結局、誰も責任を取ることはなく、ただ公金が消えていった実態が明らかになりました。

第3章

民間企業を調べる

上場企業を調べるためのツール

企業を調べるなら、まずは登記簿謄本と会社四季報、というのは30年以上前に私が記者になった頃の話。もちろん、今でも登記簿謄本などを調べるのは重要です。ただ、登記情報もネットで取れるようになったとはいえ、有料。もっと手軽に、しかも深い情報を調べることはできないでしょうか。ここからは、企業情報のさまざまな調べ方についてテクニックを紹介していきます。

「EDINET」で上場企業を調べる

上場企業の「有価証券報告書」を入手できるのが、金融庁が運営する「EDINET」です。[3-1]有価証券報告書とは、金融商品取引法で上場企業などが開示を義務付けられているもので、企業の概況や事業の内容、役員や従業員の情報、株式の状況、財務諸表などが分かるものです。

そもそもは投資家の保護のために設けられた制度ですが、記者にとっては企業情報を

[3-1]

入手するための宝の山でもあります。略して「有報《ゆうほう》」と呼ばれ、社会部に上がったばかりの頃、先輩記者から「おい、あの会社の有報を取ってきてくれ」なんてよく頼まれました。登記簿と並んで調査報道記者、事件記者に最も古くから使われてきたオープンデータです。今では「四半期報告書」や「訂正報告書」、株式の「大量保有報告書」もすべてEDINETで入手できます。

有報にうそを記載するのは犯罪です。金融商品取引法違反に問われて懲役や高額の罰金刑の対象となり、上場廃止の処分を受ける恐れさえあります。「真実を記載している」という投資家との約束の上での情報公開なので情報性は高く、記事のソースとして使えます。逆に考えれば、有報に書いてあることにうそを見つければ、スクープになるともいえます。

ではどんなことが分かるのか、具体的な例を見ていきましょう。世界的自動車メーカー、トヨタ自動車株式会社の有報を見てみましょう。ＰＤＦなどの形式でもダウンロードできます。

入手すべき情報の一つがやはり前の章でも紹介した「財務諸表」です。中でも「貸借対照表（ＢＳ）」「損益計算書（Ｐ／Ｌ）」は特に重要です。トヨタほどの大きな会社だとなかなか見えないかもしれませんが、本当に多くの情報が含まれていて取材のヒントになります。「役員の状況」には登記簿と違って、役員についての豊富な情報が記載されています。

名前、生年月日、略歴、任期、所有株数まで分かります。トヨタの役員の状況を見ると、経済産業省の元事務次官を取締役に、中日新聞でトヨタグループの取材を担当していた記者を監査役に迎えていることが分かります。

「役員の報酬」には、年間1億円以上の報酬を受け取る役員の名前と報酬額が開示されています。トヨタの場合、豊田章男会長の報酬は、2024年3月期決算の有価証券報告書では16億2200万円となっていて、本書の改訂前で紹介した社長だったころの2022年3月期決算の6億8500万円から大幅に増えていることが分かります。

一方、ソフトバンクグループの役員報酬を同じように調べると、孫正義氏は1億円になっています。しかも他の役員の方が、ずっと高い。あれだけの企業のトップとしては少ないように見えますが、孫さんは個人大株主なので、これとは別に多額の株式の配当を受け取っているとみられます。

株主の話が出たので、「大量保有報告書」を見てみましょう。これは有価証券報告書とは別で、上場企業の株式の5%を超えて保有したら提出が義務付けられるものです。やはりEDINETに掲載されます。ある日突然、「物言う株主」が株を買い集め始めた、なんてことに気付けるケースもあります。

さて、EDINETでは、最近、新たなデータが入手できるようになりました。それがいまや働き方をめぐる重要な指標になってきた「ジェンダー3指標」です。2023年3月期決算より有価証券報告書を発行する約4000社を対象に「女性管理職比率」「男性育児休業取得率」「男女間賃金格差」の開示が義務付けられたのです。多くの企業が上場していない子会社のデータも掲載していて、早くも報道に利用しているケースも出ています（なお、こうした働き方をめぐるデータを専門で入手できるサイトもあるので、後の項目で詳述します）。

上場企業の情報を調べるなら非常に便利なEDINETですが、掲載期間は直近5年となっています。それ以前のものを調べたい場合は、国立国会図書館に行けばマイクロフィルムの形などで収蔵されているので、そちらで調べることができます。

「適時開示情報（TDnet）」で速報を入手

有報と同じく、投資家保護のために行われているものとして、「適時開示情報」があります。投資家の判断に影響を与える事柄があった場合に、上場企業が速やかに開示する情報です。「適時開示情報閲覧サービス」で入手できます。[3-2]

「役員の交代」や「子会社の設立」「決算資料の公表」といった企業活動のさまざまな情報が開示されますが、こうした穏当な情報だけでなく、不祥事など企業にとって不利益な情報も次々と開示されます。以下は、過去に実際にあった事例の一部です。

[3-2]

・チェーン店で食中毒が発生、営業停止を命じられた
・国産として販売していた食材が外国産だった
・水害で工場が被害を受けた
・新型コロナウイルスの影響で特別損失が出た
・社員がインサイダー取引を行い、証券取引等監視委員会から勧告を受けた
・会社が裁判を起こされた
・個人情報を流出させてしまった
・ハッカーから攻撃を受けてシステムがダウンした

中でも国税関連の事件についてはパワーを発揮します。税務調査を受けていることや、追徴課税の処分を受けたことなどが開示されるからです。前述したように国税当局はほとんどの情報を発表していないので、適時開示情報を基に税金の絡む事件の端緒を得ることができます。逆に、開示すべき重要情報があったのに隠していたことを指摘することもできます。TDnetはキーワード検索ができるので、自分の欲しい情報を毎日検索していれば、引っ掛かるかもしれません。特定のキーワードが出てきたら通知が届くようプログラムを組んでいるメディアもあります。掲載される期間はわずか1カ月なので、気になる企業の情報は常にウオッチしておいた方がいいかもしれません。

非上場企業も調べられるツール

「gBizINFO」でさまざまな企業情報を調べる

gBizINFO（ジービズインフォ）は、比較的新しい企業のデータベースで、経済産業省が運営しています。[3-3] どのようなツールなのか、サイト内の説明を見てみましょう。

> 政府のＩＴ戦略である「世界最先端ＩＴ国家創造宣言」（閣議決定）に基づき運用している情報提供サイトです。
> 法人として登記されている約４００万社を対象とし、法人番号、法人名、本社所在地に加えて、府省との契約情報、表彰情報等の政府が保有し公開している法人活動情報を本サイトで一括検索、閲覧できます。
> 法人の中には、行政機関や管理組合等、法人番号が付与されている組織すべてが含まれています。

[3-3]

なんと400万社の情報が入手できます。この説明の通りかなり使えるツールで、企業や法人を調べるときには登記簿を取る前にまずはこちらで調べてみてはどうでしょうか。

再三登場している、一般社団法人サービスデザイン推進協議会で調べてみましょう。法人名で検索すると、住所や代表者名、設立年月日、営業品目といった基本情報が表示されます。「補助金交付情報」という項目があり、「17件（2024年8月時点）」と表示されました。これをクリックすると一覧が表示されて、この法人が、どこからどういう目的で、幾らの補助金をもらっているかが分かります。2020年5月には教育用ソフトウエアの導入実証の事業で30億円、2019年3月にもIT導入支援事業で190億円の補助金が出ていました。CSVのデータとしてもダウンロードできるので分析に使えます。

同じようにソフトバンクグループで検索し、「財務情報」をクリックすると、この会社の前年度の売り上げや資産などの財務情報が得られます。大株主の情報も見ることができ、孫正義氏が29・11%（2024年3月期）と3割近くの株式を個人で保有する超大株主であることが分かります。

先に紹介したEDINETの情報の一部もこちらのサイトに集約されているので、企業や法人を調べるなら、まずはgBizINFOで検索してみるのがいいかもしれません。

「官報決算データベース」で決算公告を入手

株式会社は、規模の大小に関係なく、決算公告を行う＝自社の決算の内容を公に開示することが会社法で義務付けられています（いまだに守っていない企業が多いことが問題ではありますが）。企業の経営状態をパッと調べたいときに、必要な情報です。

決算公告の方法は、「官報に掲載」「日刊の新聞に掲載」「自社のサイトなどに掲載」「誰もが見られる場所に掲載」という四つの方法がありますが、新聞に掲載すると結構な費用がかかるため、官報を利用するケースが最も多くなっています。

しかし「官報情報検索サービス」の項目で紹介したように、官報を検索するには費用がかかりますし、しかも欲しい企業の情報がうまくヒットするか分かりません。そんなときに手軽に利用できそうなのが、「官報決算データベース」です。[3-4]

「官報に掲載」された決算を独自の判断で掲載」しているという奇特なサイトで、決算の情報だけを集めて検索できるようにしています。管理者に取材を申し込みましたが、事情があって詳しいことは明らかにできないとのこと。ですから、信用性を含めてあくま

[3-4]

で「参考情報」ということで使ってください。

このサイト、地域別や業種のカテゴリー別などで調べられるので便利ですが、面白いのは「子会社・関連会社一覧」「同じ代表者の会社の決算一覧」「同じ住所の会社の決算一覧」も出てくること。これは便利ですね。決算というより、関連会社やダミー会社を割り出すようなことに威力を発揮するかもしれません。

「法務省　電子公告システム」で貸借対照表の入手を

官報に掲載される企業の決算公告は、あくまで貸借対照表の「要旨」だけであり、大雑把に書かれているため、情報性は薄くなっています。しかし前述の「自社サイトなどに掲載」する電子公告を選んだ場合は、貸借対照表の要旨ではダメで、全文を掲載する必要があります。それぞれの社のサイトでも入手できますが、法務省の「電子公告システム」を使えば、電子公告を行っている会社を検索することができます。[3-5]

[3-5]

「建設業許可申請書」には膨大な情報が

EDINETやgBizINFOよりも多くの情報が網羅されている、頼りになるオープンデータが「建設業許可申請書」です。５００万円以上の建設工事をする業者が、5年に1度申請しなければならないもので、年1回「変更届出書」も提出されます。この書類、情報公開で入手することもできますが、そんな手続きをしなくても、すぐに閲覧することが可能なのです。

なぜ閲覧制度があるのかというと、建設業者の施工能力や実績、経営内容等に関する情報を提供することで、適切な業者選定をしてもらうためです。一口に「工事」といってもその範囲は非常に広く、廃棄物処理業者や電気工事業者も登録しているので、申請しているのは47万社超。膨大な情報があります。

複数の都道府県にまたがって事業をしている大手業者の場合は、国土交通省の地方整備局で、そうでなければ都道府県庁に行きさえすれば、窓口で申し込んで即座に見られます。例えば、東京都なら都市整備局の市街地建築部・建設業課の閲覧コーナーに行けば閲覧ができますが、少々面倒な制約があります。

・カメラでの撮影は禁止。パソコンの持ち込みも禁止（手で書き写すしかない）
・閲覧数に制限をかけているところも
・東京都、埼玉県、神奈川県はなぜか有料（以前は無料だったのに）

ただ、2023年から電子申請と閲覧ができるようになりました。[3-6]こちらの場合は手数料は必要ありませんし、書き写す必要もないので極めて便利です。けれども、電子申請をした会社のものしか閲覧できず、大阪府と福岡県の企業はまだ対象ではありません（2024年10月現在）。

では、どんな情報が得られるのか具体的に見ていきましょう。福島県のホームページに分かりやすく記載例が並んでいたので、そちらへのリンクも掲載しておきます。[3-7]「役員の一覧」には、登記簿などと違って名前に読み仮名が振ってあります。テレビ局の記者にはうれしいですよね。

また「建設業法施行令第3条に規定する使用人」、つまり、支店長や営業所長を記した「使用人の一覧表」や「専任技術者の一覧表」も、取材先が広がる資料です。

さらに、後に詳しく説明する「工事経歴書」は取材に必須と言っていいもの。この他にも上場企業と同じように貸借対照表や損益計算書といった「財務諸表」も閲覧することができますし、「主要取引先金融機関名」も分かります。

[3-6]

[3-7]

ところが、以前は閲覧できた重要な資料が個人情報保護の名目や法改正でかなり見られなくなってしまいました。

「常勤役員等の略歴書」は生年月日や住所、職歴まで記載された優れもので、天下りなども割り出せました。さらに賞罰の欄があって、建設業での行政処分や行政罰、刑罰などの情報もここに記載されています。使用人についての同じような情報が盛り込まれた「使用人調書」も見られなくなり、非上場企業の株を誰がどれだけ持っているのかが分かる「株主調書」や、追徴課税処分を受けている企業を割り出すヒントにもなった「納税証明書」も閲覧の対象外となってしまいました。

しかし、この世に存在するのであれば、記者であれば必ずどこかで手に入れる方法を探れるはず。諦めずに頑張りましょう。

「建設業情報管理センター」にも基本情報が

建設業者の基本情報については、一般財団法人建設業情報管理センター（CIIC）のサイトでも入手することができます。[3・8]

公共工事の入札に参加する建設業者は、「経営事項審査」という資格審査を受ける必要があり、センターでは国土交通省や都道府県からの委託を受けて、その結果を公表して

[3-8]

いるのです。それによって、業者選定の透明性や公正さの確保、相互監視による虚偽申請の抑止をすることが趣旨となっています。

サイトの「経審結果の公表」というコーナーで企業名などの検索をすると、企業の基本的な財務データが得られるほか、工事の能力や社会性、法令順守の状況なども評点で格付けされたデータを見ることができます。

Column

▼法人登記簿、ここが記者的ポイント

記者が最も古くから利用している資料に「法人の登記簿謄本」があります。株式会社などの会社組織だけでなく、財団法人、社団法人、宗教法人、医療法人、社会福祉法人、農業協同組合のものも法務局で入手可能（登記簿の具体的な入手方法は次章を参照）。いずれも代表者の名前と住所、役員や理事の名前などが記載されているほか、会社の住所や目的、設立年月日、資本金の額や発行株数などの基本情報が記載されています。

最近では、先に紹介した「gBizINFO」をはじめとした便利なツールができていますが、「辞めた役員や理事」は法人登記簿にしかない重要な情報です。登記簿には、現状だけを記した「現在事項」と、3年前までの記録も残っている「履歴事項」がありますが、「閉鎖事項」にはすでに抹消され掲載されていない「辞めた役員や理事」などの過去の情報が記載されています。「辞めた役員や理事」は、企業や法人の内部情報を知るために非常に重要な存在になります。深く調べたいときには、まずは登記簿を取ってみましょう。

建設工事の受発注を調べるためのツール

「工事経歴書」は民間の取引が調べられる

前述した建設業許可申請書に含まれている関係書類の中でも、とびきり重要なのが「工事経歴書」です。

なぜ重要かというと、これまでの章で説明したように、公共事業を誰が幾らで受注したかについては、官庁や自治体が多くの資料を公表しています。しかし、それらの資料では民間同士の受発注は分かりません。もちろん、官報にも載りません。「工事経歴書」は、民間同士の取引が分かる貴重な資料です。「どこから注文を受けたか」「工事の名前」「工事現場の場所」「担当技術者」「請負代金」「工期」が一目瞭然なのです。

新聞協会賞を受賞した共同通信の「関西電力役員らの金品受領問題」の取材でも工事経歴書が大いに役に立ったということですが、それに追随した朝日新聞もやはり工事経歴書を使い、「金品を渡した側の元助役の関連会社が、原発に関連した工事を関西電力側から受注していた」ことを報じています。

「建設業許可申請書」も有効なツール

もちろん、47万社分も提出されている建設業許可申請書自体も有効なツールです。調べたい業者の資料があるのか、あるとしてもどこで閲覧すればいいのか分からないときには、国土交通省の「建設業者・宅建業者等企業情報検索システム」というサイトで調べてみましょう。[3-9] ここに記載されていれば、建設業許可申請書が提出されているということです。また、宅建業者やマンション管理業者などについても、こちらのサイトで基本情報を入手することができます。

ただし、先に触れたように建設業許可申請書は「閲覧のみでコピー禁止、パソコンも持ち込めない」ので書き写すしかありません（時間がかかってもいいなら、情報公開請求で写しを入手できます）。自治体のホームページには業者が提出する書類の様式がありますので、それを印刷して持っていき、書き込むようにすると間違いも減りますし便利です。

ちなみに閲覧コーナーに行くと、やはり様式を印刷して持ち込み、必死に書き込んでいる人の姿を見ることができると思います。まれに他社の記者というケースもありますが、大抵は「帝国データバンク」や「東京商工リサーチ」など、信用調査会社の人たちです。彼らの作成している企業情報のベースになっているのも、実はこの建設業許可申請書なのです。

[3-9]

「施工体制台帳」「施工体系図」も重要

工事経歴書と並んで、民間同士の受発注が調べられる貴重な資料が「施工体制台帳」と「施工体系図」です。

「施工体制台帳」とは、工事を下請けに出す場合に、どこに幾らでどう出すのかをまとめた台帳で、建設業法で作成が義務付けられています。施工上のトラブルの発生を未然に防いだり、不適格な業者が参入するのを防いだり、安易な多重下請けを防いだりする目的で作成されるものです。

公共工事では金額にかかわらずすべての工事が対象になり、民間工事では下請け契約の総額が4000万円（建築一式工事にあっては6000万円）以上の工事が対象となります。発注者への写しの提出が義務付けられているので、公共工事なら発注した官庁や自治体で入手できます。こちらは閲覧させてくれるところもありますが、多くは情報公開請求をする必要があるかもしれません。

台帳より手っ取り早く下請けの構図が分かるのが「施工体系図」です。こちらは台帳を基に元請け・下請けの関係をツリー状に図式化したもので、業者名やどんな種類の工事なのか、工期はいつからいつまでなのかなども一目瞭然です。国交省のサイトにある作成例を掲載します（図3－1）。

なぜこちらが便利かというと、写しの提出だけでなく「現場内の見やすい場所」や「公衆の見やすい場所」に掲示することが求められているので、「見せてほしい」という求めに対して断る理由がないからです。実際、多くの大規模工事の現場では掲示されていますし、東日本大震災のがれき処理の工事では、なんと8次下請けまで出てくる長大な施工体系図を、宮城県庁で閲覧させていただきました。業者の関係が分かり、取材先も一気に増えます。

「再生可能エネルギー電子申請」で事業者を割り出す

いま盛んに建設が進められている太陽光パネルによる発電や、巨大な風車による風力発電。一方でトラブルも相次いでいます。でも、この施設を手掛けているのはどこの業者なのか。それを一発で調べることができるのが、資源エネルギー庁の「再生可能エネルギー電子申請」のサイトです。都道府県ごとにエクセルシートをダウンロードでき、事業者の名前や住所、電話番号、代表者名、施設の発電能力や種類、住所が一覧で分かります。[3-10]

[3-10]

工事			
	会社名・事業者ID		
	代表者名		
	許可番号		
	一般／特定の別		一般／特定
	安全衛生責任者		
	主任技術者		
		特定専門工事の該当	有・無
	専門技術者		
		担当工事内容	
工期			年 月 日 ～ 年 月 日

工事			
	会社名・事業者ID		
	代表者名		
	許可番号		
	一般／特定の別		一般／特定
	安全衛生責任者		
	主任技術者		
		特定専門工事の該当	有・無
	専門技術者		
		担当工事内容	
工期			年 月 日 ～ 年 月 日

工事			
	会社名・事業者ID		
	代表者名		
	許可番号		
	一般／特定の別		一般／特定
	安全衛生責任者		
	主任技術者		
		特定専門工事の該当	有・無
	専門技術者		
		担当工事内容	
工期			年 月 日 ～ 年 月 日

工事			
	会社名・事業者ID		
	代表者名		
	許可番号		
	一般／特定の別		一般／特定
	安全衛生責任者		
	主任技術者		
		特定専門工事の該当	有・無
	専門技術者		
		担当工事内容	
工期			年 月 日 ～ 年 月 日

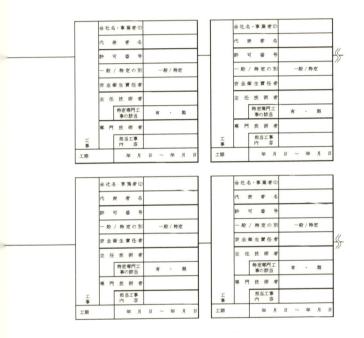

図3-1　施工体系図（作成例）

発注者名	
工事名称	

工期	自	年	月	日
	至	年	月	日

元請名・事業者ID	
監督員名	
監理技術者名 主任技術者名	
監理技術者補佐名	
専門技術者名	
担当工事内容	
専門技術者名	
担当工事内容	

元方安全衛生管理者

会長	統括安全衛生責任者

副会長	

工事	会社名・事業者ID	
	代表者名	
	許可番号	
	一般／特定の別	一般／特定
	安全衛生責任者	
	主任技術者	
	特定専門工事の該当	有・無
	専門技術者	
	担当工事内容	
工期		年　月　日～　年　月　日

工事	会社名・事業者ID	
	代表者名	
	許可番号	
	一般／特定の別	一般／特定
	安全衛生責任者	
	主任技術者	
	特定専門工事の該当	有・無
	専門技術者	
	担当工事内容	
工期		年　月　日～　年　月　日

働き方や雇用を調べるためのツール

「しょくばらぼ」で働き方を調べる

企業つながりで、次は各企業の働き方や雇用を調べるためのツールを紹介しましょう。まずは「働き方」が企業によってどう違うのかを調べられる「しょくばらぼ」です。[3・11]

厚生労働省が運営するサイトで、「職場改善に積極的な企業の残業時間（時間外労働時間）や有給休暇取得率、平均年齢などの職場情報を検索・比較できるWebサイトです」とのことです。もともとは求職者のためにつくられたデータベースです。

職場情報検索で、私の古巣・NHK（日本放送協会）を調べてみると、基本情報として企業規模は1万268人、採用者のうち女性の割合は49・1％で、半数近くは女性を採用していることが分かります。しかし、正社員の女性の割合は23・5％で、管理職となると12・0％にとどまっていました。男性の育休取得率は86・1％だということです（2024年6月更新の最終データ）。

求職者のために企業側が提出した情報なので記事にも使えますが、一方で実態と違う

[3-11]

ようなことがあれば、そのことを指摘する報道ができると思います。

なお、このサイトでも前の項目で紹介したEDINETと同様、「ジェンダー3指標」も調べることができます。企業側が公表をしてさえいれば、EDINETと違って上場企業に限らず情報が取れるということです。一点、注意が必要なのが、有価証券報告書としょくばらぼで「女性役員」の数が違うということです。これは、しょくばらぼの「役員」が「会社法上の役員（取締役、会計参与及び監査役）並びに職務内容及び責任の程度が『役員』に相当する者」であり、執行役員なども含めているため、数字が大きくなっているからです。

さて、しょくばらぼには基になった三つのサイトがありますので、そちらも紹介しておきます。

「女性の活躍推進企業データベース」で企業比較

２０１６年から厚生労働省が運営している「女性の活躍推進企業データベース」では、２０２４年７月現在で３万４１６０社が女性の雇用に関するデータを公表しているほか、企業が策定した行動計画も掲載しています。[3-12]

しょくばらぼと同じように企業名で個別のデータを検索することもできますが、こちらでは企業の規模や業種別で企業同士のデータを比較できるＣＳＶファイルをダウン

[3-12]

ロードできるのが特徴です。

実際にこのサイトのオープンデータを利用した報道も現れました。ウェブメディアRenewsに掲載されている「【ジェンダー平等調査】人気企業の女性活躍は本物か　Z世代の評価を公開」という記事で、就活ランキングの上位を中心とした人気企業が、女性が活躍できるようどのような取り組みをしているのかを調べています。実はこの記事、「スキカッテ」という大学生のグループが発信したものです。オープンデータを使えば大学生でもこうした調査報道ができるということですね。

「若者雇用促進総合サイト」でホームページがない企業の情報も

就職活動中の若者や就職活動を控えた学生が優良な中小企業を探し、企業の側は広報の手段とするためにつくられたマッチングのためのサイトが「若者雇用促進総合サイト」です。[3-13] こちらも厚生労働省が運営していて、「使用料が無料なので、自社ホームページを持たない事業主もネット上に職場情報を提供できる」こともアピールしています。

若者が気になりそうな「採用・定着状況」や「人材育成のための制度」などの情報が検索できるほか、ユースエール認定制度をはじめ、企業が各種の認定を取得しているかなどのデータがあります。

[3-13]

ここまで取り上げた二つのサイトの他に、「両立支援のひろば」というサイトが「しょくばらぼ」のベースになっています。こちらは事業主の行動計画や取り組みが登録されますが、記者が利用するデータ性には乏しいので名前の紹介にとどめておきます。[3-14]

[3-14]

製薬会社マネーや医療機器のトラブルを調べるためのツール

「製薬マネーデータベース」を使う

次に紹介するのは、製薬会社や医療機器メーカーに関するオープンデータです。こうした企業は、医師や病院に研究の支援や講演料、コンサルティングの対価などさまざまな名目でカネを支払っています。企業自身が公表した情報を基にデータベースをつくり、その実態を報じたのが米国の調査報道機関プロパブリカの「Dollars for Docs」という優れた取り組みです。[3-15]

同様の発想で、日本の製薬会社と医師との間のカネの動きをまとめ、データベース化したのが医療ガバナンス研究所が運営する「製薬マネーデータベース『YEN FOR DOCS』」です[3-16](当初は〝探査報道〟を手掛けるＮＰＯ法人のTansaと医療ガバナンス研究所が「マネーデータベース『製薬会社と医師』」を共同運営していましたが、今後は医療ガバナンス研究所が担うとのことです)。

サイトの説明を要約すると、「データは製薬会社が自らのホームページで公開してい

[3-16]

[3-15]

る情報ですが、個別に公開されている膨大なデータを整理・集計することで、製薬業界から医療業界への資金提供の全体像を透明化しました」とのこと。

こちらのデータを基にした記事も出ていて、例えば毎日新聞は「２０１６年度に製薬会社から受け取った講師謝礼などの合計額が２０００万円以上に上る大学医学部教授らが７人いた」という報道をしています。

ただ、更新が遅いのが難点で、２０２４年７月の時点でようやく２０２１年度分のデータが入ったところです。

「不具合が疑われる症例報告に関する情報」を使う

独立行政法人「医薬品医療機器総合機構」（ＰＭＤＡ）は、医療の「安全対策」を担っています。そのホームページの中にある「不具合が疑われる症例報告に関する情報」という検索ページがあります。[3-17] 医薬品医療機器法の改正で２００４年度から、製造販売業者が器具の不具合が原因と疑われる健康被害などを知ったときにはＰＭＤＡに報告するよう義務付けられ、公開されているものです。

サイトで検索した結果の症例一覧には、医療機器の固有名詞やメーカー名は出ておらず、「一般的名称」と「医療機器の状況」しか出ていません。それでも、用語が専門的なた

［3-17］

めに、絞り込むことができます。例えば、フリーランス記者の萩一晶さんは、「持続的自動気道陽圧ユニット」などで「防音用発泡体の劣化の疑い」が起きているケースについて、大手メーカーのフィリップスの製品でしか起きていないトラブルだとして特定。すでに日本国内での健康被害が出ている患者は49人。ほかにも35人は、器具を使い続ければ「健康被害が起こる可能性が否定できない」とされる事例だと、ウェブメディア「SlowNews」で明らかにしています。

「NDBオープンデータ分析サイト」を使う

「ＮＤＢオープンデータ分析サイト」は、厚生労働省が運営しているサイトです。[3-18] 医療機関が出すレセプト（医療機関が提出する月ごとの診療報酬明細書）のデータを全国規模でまとめたデータベースになっています。都道府県や患者の年齢性別ごとに集計していて、日本のどこでどんな治療が使われているか、その概要を知ることができます。

　これを利用すれば、例えば薬品名から処方の実態などを知ることができるので、医療ジャーナリストの市川衛さんは「この薬をこの年代の人に多用することが果たしていいことなのか」などを問う報道などにつなげています。

　このＮＤＢオープンデータをはじめとした、医療経営のデータ分析に使えるサイトを

[3-18]

集めた「公開データ・リンク集」をMedysisという企業が発信しています。[3-19] こちらにあるサイトも医療系の取材などに利用できるかもしれません。

[3-19]

Column

情報源のつくり方

企業の問題を明らかにする取材などの場合、いくらオープンデータを入手したとしても、最後はやはり当事者に当たらなければなりません。結局はどうしたらいいの、という声も聞きますので、私なりの方法論ではありますが、こちらに公開しようと思います。経済事件の取材ではまず間違いなくこの手でうまくいってきたので、それなりに効果はある手法だと思っています。

ステップ① 閉鎖登記簿などで辞めた役員を調べる

大前提として、企業の関係者のところにいきなり飛び込んでも、よほどの事情でもなければ話をしてくれるはずがありません。むしろ警戒され、会社に「こういう記者が来た」と通報されてしまうのがオチです。そこで、「信頼されている誰かに紹介してもらう」という手段を取った方が、話をしてもらえる確率は格段に上がります。急がば回れです。

まずは会社の登記簿謄本を取りましょう。コラム「法人登記簿、ここが記者的ポイント」(91頁)でも説明した、閉鎖登記簿を取ります。すると、辞めた役員が登場するのでピックアップしていきます。その中から、味方になってくれそうな人、不満を持って辞めたという情報がある人を選別します。上場企業であれば、登記簿でなくても、過去の有価証券報告書の役員の欄を比べてピックアップする手もあります。その方が役員の経歴なども分かるので、情報源を選ぶときには役に立ちます。選んだ人の中から、脈のありそうな人を徹底的に回って仲良くなりましょう（ここは努力するしかありません。「あなたの愛した会社を良くするためだ」と）。

どうしても探せないときには、第2章「社団法人・財団法人を調べるためのツール」で紹介した「業界団体」が役に立ちます。業界団体は各社に情報ルートを持っているので、紹介してくれる人がいないか探しましょう。また地場の企業の場合は、その会社の幹部に影響力を持つ地方議員なども候補になります。

ステップ②　現役社員を紹介してもらう

ステップ①でつながった人もある程度は情報を持っているかもしれませんが、「辞めた人」なので、現時点でのコアな情報源にはなりません。そこで、その人に一番信頼できる現役の社員を紹介してもらいましょう。中堅幹部ぐらいが一番いいです。実はその人が直接の情報源にならなくても構いません。誰でもいいのでがっちり信頼できる橋頭堡をつくるのです。

もちろん、引き合わせてもらうのが一番ですが、電話をしてもらう、紹介状を書いてもらうなどの手段でも十分に効果的です。

企業取材、組織取材はとにかく「紹介の紹介の紹介」で人脈を増やしていくのが鉄則です。

Column

ステップ③　組織図を手に入れる

先に述べたように、現役の中堅幹部と仲良くなったからといって、その人自身が情報源である必要はありません。「不正の証拠をください」と言ってもハードルが高いでしょう。そもそも、その中堅幹部が取材したい問題に直接関与していない場合もあるでしょう。

ここでまずお願いするのは「組織図をもらえませんか」ということです。連絡先などの個人情報が含まれているものでなくても構いません。会社の中がどういう組織構成になっていて、指揮命令系統がどうなっているのか。最初はネットに出ているようなものでも構いません。また、特定のプロジェクトごとにも組織図や体制表はつくられると思いますので、それもお願いしましょう。経理資料や個人資料、メールなどを提供してくれる人はなかなかいないでしょうが、組織図なら抵抗感は薄いものです。

さて、入手した組織図ですが、それ自体に価値があるものではありません。その組織図を基に、「人事」を取材しましょう。企業はもちろん、組織に属している人なら「人事」は大好きですよね。不正の話をしてくれなくても、人事の話なら聞きたがるし、話したがるものです。その上で、①社内にはどんな派閥があるのか、②誰がキーマンなのか、③不正があるとしたら責任の所在はどこにあるのか、などを把握します。そうすると、誰を情報源にすべきかが浮かび上がってきます。

例えば、副社長派と常務派が争っていて、副社長派が不正をしているとしたら、当然、取材すべきは常務派の人間ということになります。この段階で、企業の名簿などを入手できれば、それと組織図を突合して取材すべき人間をピックアップしていきましょう。

ステップ④　いよいよ情報源の開拓

情報源は2種類開拓することが不可欠になってきます。

まずは不正の情報を提供してくれる社員です。これは必ずしも本社の社員である必要はありません。右記の例で言うと、「副社長派に嫌われて不本意なポストにいる常務派の社員」「副社長派だったのに不正に手を染めさせられて関連会社でほとぼりを冷ましている社員」などが最高の情報源になり得ます。そんなドラマみたいなことがあるのか、と思うかもしれませんが、あります。実体験として、3人ぐらい当たっていけば、だいたいビンゴな人にたどり着くものです。

不満や問題意識を抱いている人ならば、不正の証拠となる経理資料やメールなどの提供もやぶさかではないでしょう。

ステップ⑤　真実性の確認

ただ、このような方法で手に入れた「証拠」が使えるかというと、そのまま使うのは危険です。恨みを抱いた提供者の資料の解釈が間違っている可能性があるかもしれませんし、場合によっては歪んだ考えを抱いて捏造《ねつぞう》してしまうことだってあり得ます。

そこで必要になってくるのが、もう1種類の情報源、本社の幹部です。

幹部クラスが会ってくれるのかというと、ここまで述べたように派閥を把握し、対立派閥の問題を明らかにしたいという点が共通していれば、会ってくれる確率は高いと思います。幹部自身が情報をくれることもありますが、それ以上に大切なのは、他の社員から手に入れた「証拠」が本物かどうかを判定してもらう役割です。必ず、情報を確認できる立場にある幹部と接点を持つことが重要です。幹部も、資料を出すことは渋っても、確認するのはやぶさかではないという人は多いですから。

ステップ⑥　証言の入手

確たる証拠を得ることができたら、次は「証言」の入手です。従来はテレビだけの専売特許でしたが、最近の『週刊文春』のスクープでもそうであるように、真実性を高めるため、今はどのメディアでも「音声」「動画」の重要性は増してきています。

可能であれば実名・顔出しで、難しければ匿名でのインタビューを撮影します。この際、最も重要なのはOKが取れたらできるだけ速やかに撮影することです。交渉をする際には前もってどこで撮影するのかを決めておく必要があり、ダメ元でカメラマンにスタンバイしておいてもらう必要があります。なぜなら、「よし、分かった」と力強く返事をしてくれた人でも、一晩たって「やっぱり考えが変わった」というケースが実に多いからです。「今は準備ができていないから」と言われたら、何が必要なのかをすぐに聞き取ってこちらで用意しましょう。

以前、外務省の中堅職員に省内での公金流用に関する重大なインタビューを撮らせてもらえることになった際、「きょうのスーツはよく着ているものだから、顔を出さず声を変えて撮影してもバレてしまう」と言われました。しかし「では明日で」というわけにはいきません。その場で自分のスーツを脱ぎ、「これを着てもらえませんか」と懇願し、何とか撮影することができました。

ステップ⑦　当て時の確認

一方、幹部の情報源には、社内の状況を探っておいてもらいます。自分たちが取材していることが気付かれていないか、何らかの対策を打とうとしていないかなどです。その上で、会社側に取材結果を当てるタイミングを探ります。

例えば上場企業の場合だと、株主総会を控えている時期や、役員人事を控えている時期などに当てるのが損なのか得なのか。過剰に反応するので避けた方がいいのか、それともしっかり対応してくれる可能性が高いので速やかに当てた方がいいのか、などです。

あるベテランの事件記者は、むしろ早めに広報担当者に厳しい取材をかけておくことが重要だと言います。それによって彼らが社長ら幹部に取材があったことを報告する余裕ができます。その反応を見た方がその後の会社の出方を占えるし、社長らが「聞いてないよ！」となる余計なハレーションが抑えられるからだといいます。

ステップ⑧　リーガルチェック

ここまで来れば大詰めです。取材した結果を形にするに当たって、弁護士や法務部の担当者と相談して法的な問題はないかどうかを改めて確認しておきましょう。法律の専門家にしか気付けないような思わぬ落とし穴もあるので、特に自己の責任で発信する調査報道の場合はこの過程は重要です。

ステップ⑨　報道へ

会社側に当てたら、いよいよ発信です。報道には狙い目のタイミングがあります。調査報道の場合、重要なのは「追い掛けてもらうこと」です。それに効果的なのが、企業なら定例の社長会見、省庁なら大臣会見・事務次官会見のある日や、その前日などに報道することです。調査報道は追い掛けて報道することはすぐにはできませんが、会社や省庁がその報道に対しどう反応したのか、ということは各社ともすぐに記事にできるので、追い掛けてもらったのと同じような効果が出ることになります。『週刊文春』も、政治家の疑惑を報道する際には国会日程なども考慮に入れているようです。

さて、首尾よくいったでしょうか。以上のことをチャートにまとめると、図3－2のようになりますので、参考にしてください。

情に訴えない、人は義や利で動く

以上の取材の過程で、何度か人と関係をつくる場面が出てきました。「そこがうまくいかないから大変なんだ」という人も多いことでしょう。

もちろん、私だって苦労の連続です。でも30年の取材経験から実感したことは、「情に訴える取材はしない方がいい」ということです。私の若い頃には、デスクが「取材先に、ひいきの引き倒しをされてしまうほどの記者になれ」とよく言われました。「記者は芸者だ」と言う人も。そうでしょうか。

確かに、ひいきをしてもらえるほど食い込んで情報をもらえることには、一定の価値があるかもしれません。しかしそれが成立するということは、取材先と記者がもはや対等な関係ではなく、不均衡で歪《いびつ》な状態

図3-2　実例「情報源の確立から報道まで」

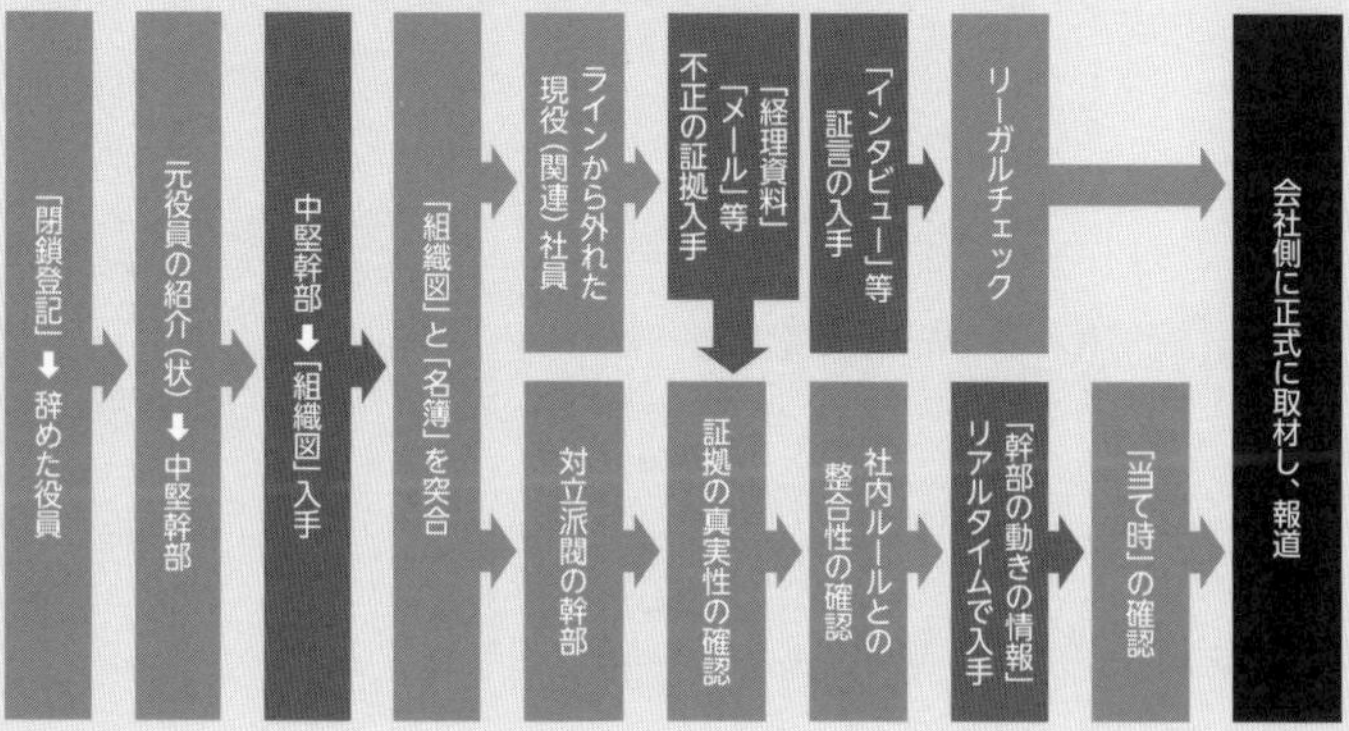

Column

になっているとも言えます。取材先のことをフラットな目で見て批判することも難しくなるでしょう。情報を持っている方が優位なので、依存関係に陥れば容易にコントロールされてしまいますし、自分が操られていることに気付いてさえいない記者もいます。

ではどうすればいいのか。

私は、人は「義（理）」や「利」で動くと考えています。なぜこの報道をやる意義があるのかを理をもって説けば、意気に感じて味方になってくれる人は少なくないものです。あなたの会社をよくするために協力してほしい。二度と泣かされる人が出ないような社会にしたい。その言葉が真摯《しんし》なものであれば、結構通じるものです。

そして、「情報は貨幣」です。それを持っている者に対しては、人は真摯に耳を傾けます。対等な関係として、貨幣を交換できる間柄になることでしょう。

とはいえ、ではその情報をどこからどう手に入れればいいのだ、ということになりますよね。そこでこの「オープンデータ活用術」です。自分だけの情報を得る手段は無数にあります。自分に合ったものを選んで、そこで得た「情報」を「貨幣」として存分に利用してもらえれば、取材先と対等な関係になれるはずです。

第4章

不動産を調べる

基本ツール「不動産登記簿」のイロハ

土地や建物の情報を調べるとなったら、まず思い浮かべるのが「登記簿」を取ることです。登記簿は多くの方がご存じの通り、不動産の基本情報や権利関係を記した書類で、それぞれの最寄りの法務局で入手できます。読み方の解説本なども多数ありますし、入手は有料ですので、本書の趣旨からはちょっと外れるかもしれません。とはいえ、基本中の基本なので、最低限、知っておくべきことだけ紹介しておきます。

なお、登記には法人の登記や船舶の登記もあります。船舶の登記については第6章「乗り物や事故を調べる」で紹介したいと思います。

「登記情報提供サービス」を使う

「登記情報提供サービス」は、一般財団法人民事法務協会が運営しているサイトです。[4-1] この協会は、法務局から紙だった登記簿をデジタル化する業務の委託を受けていて、ネットで登記簿を取得できるサイトも担っているようです。

[4-1]

こちらができるまでは、とにかく法務局に行かなければならなかったので、便利になりました。ただし、難点もあって夜中の時間帯には使えないのです。登記簿の入手は、もちろん有料です。

「登記簿図書館」を使う

朝刊で抜かれ、朝一番で調べたいとき、夜中でもじっくり調べたいときには「登記簿図書館」が便利です。[4-2] こちらは３６５日、24時間利用できます。ただし使用するには、法人としての会員登録が必要です。

民間業者が運営していて、前記の登記情報提供サービスや、法務局より安く入手できることを売りにしています。誰かがこのサービスを利用して登記簿を入手すると、サーバーにその情報が蓄積されます。欲しい登記簿がすでに保有されていれば、さらに安く入手できる仕組みです。

登記情報提供サービスがＰＤＦファイルなのに対し、こちらはＣＳＶファイルでも入手できるので、分析に使いやすいという利点もあります。そして何といってもここが素晴らしいのは、「名寄せ機能」があることです。例えば、私の名前、「熊田安伸」で検索すると、熊田安伸が登場する土地や建物、会社の登記を取ることができるのです。これは便利。

[4-2]

名寄せで調べるためだけに、このサイトを利用している記者もいます。いわゆる「ヤサ割り」に絶大な威力を発揮するからです。２０２４年10月から株式会社の法人登記に代表者の住所が記載されなくなるので、役割は一層、重いものになると思われます。

登記取得の際の注意点

例えば、スローニュースの会社がある「東京都渋谷区神宮前6丁目25番16号」という住所では、土地の登記簿は取れません。いわゆる住所と呼ばれているものは、「住居表示」といいます。一方で登記に使われているのは「地番」で、これは「住居表示」とは違うナンバリングになっているのです（一部自治体で一致しているところもあります）。これを取り違えると、まったく別の登記を取ってしまい、誤報につながりかねません。そもそも目的が違い、「地番」は課税や権利関係を明らかにするために付けられる番号、「住居表示」は建物が対象で、そこにたどり着きやすいように付けられたものです。登記を取るには、あらかじめ「地番」の方を調べておく必要があります。

法務局にはゼンリンの『ブルーマップ』や、刊広社の『デジタルメーサイズ』という地図が備えられているので、それらで地番を確認することができます。図４－１は、ゼンリンのホームページから引用しました。

「地番」が青字、「住居表示」が黒字で示されているので、これで照合します。地番は法務局に行かなくても、前述の二つのサイト「登記情報提供サービス」と「登記簿図書館」でも調べることができます。

「公図」は地番に基づいてその土地の位置や形状を大まかに知ることができるもので、登記と同じように取得できます。土地を緻密に調べていく場合には、こちらも入手して調べることをお勧めします。

また、建物の登記を取る場合には、地番ではなく「家屋番号」が必要です。これはブルーマップには載っていません。法務局の窓口に行って、係員の方に「この地番の上の建物の登記を取りたいのですが」とお願いすればやってもらえますが、窓口に行けない場合はやはり前述の二つのサイトで調

図4-1　ゼンリン『ブルーマップ』の例

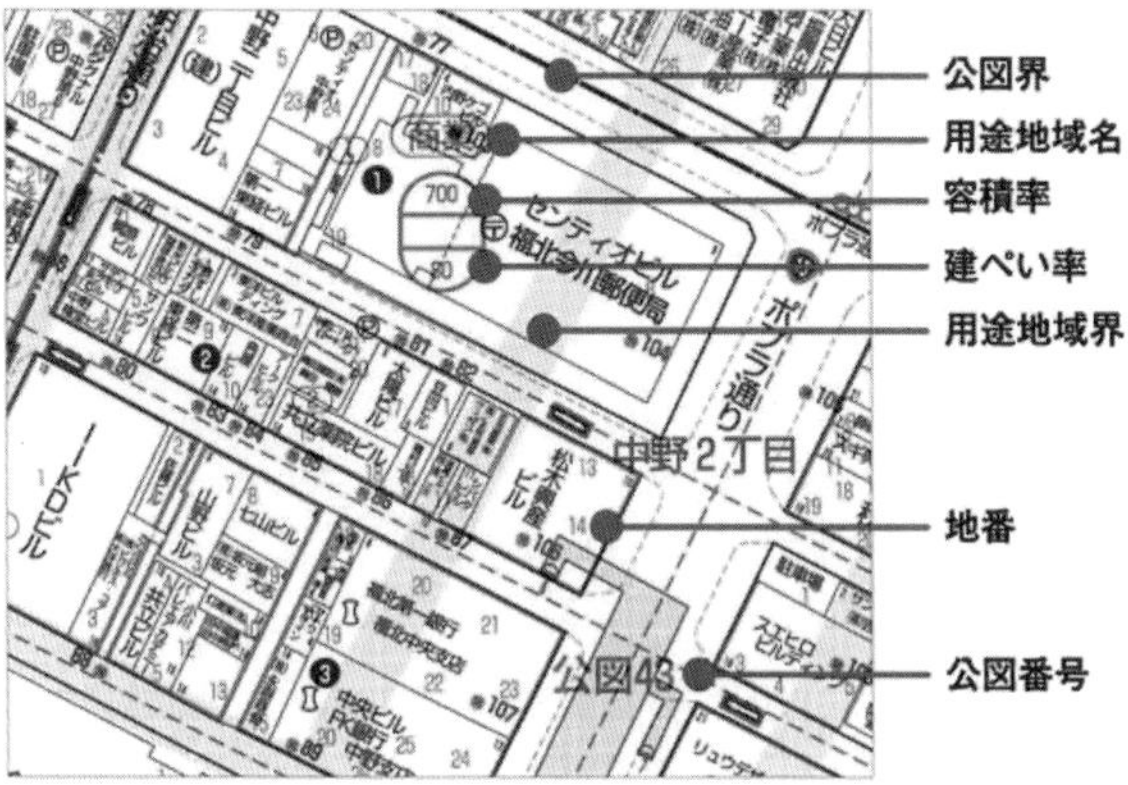

4-2　不動産登記簿の見本1

東京都特別区南都町1丁目101　　全部事項証明書　　（土地）

表　題　部　（土地の表示）		調製	余白	不動産番号	0000000000000
地図番号	余白	筆界特定	余白		
所　在	特別区南都町一丁目			余白	

①　地　番	②地　目	③　地　積　㎡	原因及びその日付〔登記の日付〕
101番	宅地	300 00	不詳 〔平成20年10月14日〕
所　有　者	特別区南都町一丁目1番1号　甲　野　太　郎		

権　利　部（甲区）（所有権に関する事項）			
順位番号	登　記　の　目　的	受付年月日・受付番号	権　利　者　そ　の　他　の　事　項
1	所有権保存	平成20年10月15日 第637号	所有者　特別区南都町一丁目1番1号 甲　野　太　郎
2	所有権移転	令和1年5月7日 第806号	原因　令和1年5月7日売買 所有者　特別区南都町一丁目5番5号 法　務　五　郎

図4-3　不動産登記簿の見本2

権　利　部（乙区）（所有権以外の権利に関する事項）			
順位番号	登　記　の　目　的	受付年月日・受付番号	権　利　者　そ　の　他　の　事　項
1	抵当権設定	令和1年5月7日 第807号	原因　令和1年5月7日金銭消費貸借同日設定 債権額　金4,000万円 利息　年2・60%（年365日日割計算） 損害金　年14・5%（年365日日割計算） 債務者　特別区南都町一丁目5番5号 法　務　五　郎 抵当権者　特別区北都町三丁目3番3号 株　式　会　社　南　北　銀　行 （取扱店　南都支店） 共同担保　目録(あ)第2340号

べることができます。

不動産登記簿、ここが記者的ポイント

土地や建物の登記簿には、所有者や、土地の広さや地目（用途別の種類）、建物の大きさや形状などの情報が掲載されています。「誰が所有者なのか」を調べるために利用されることが多いかもしれません（図4－2）（引用した図4－2～4－4は、いずれも法務省ホームページにある見本）。

もう一つの注目点は、担保です。「抵当権」が設定されていれば、その不動産を担保に金融機関などから幾らの借金をしているのかが分かります（図4－3）。

また「根抵当権の極度額」が設定されていたら、その不動産を担保にして金融機関が幾らまでなら融資をしていいか、という上限が設定されている

図4-4　不動産登記簿の見本3

共　同　担　保　目　録			
記号及び番号	(あ)第２３４０号	調製	令和１年５月７日
番　号	担保の目的である権利の表示	順位番号	予　　備
1	特別区南都町一丁目　１０１番の土地	1	余白
2	特別区南都町一丁目　１０１番地　家屋番号　１０１番の建物	1	余白

ということ。つまり、その不動産の大まかな価値が分かるということです。極度額は実際の融資額より高めに設定されることが多いので、不動産の価値と完全に一致するというわけではありませんが、おおよその価値を知る目安にはなります。

そして不動産の登記を取るときに、忘れてはならないのが「共同担保目録」を取るという項目に必ずチェックを入れること。共同担保目録を取っても金額は変わらないので大丈夫です（図4－4）。

共同担保目録とは、一つの物件だけでなく、複数の物件を合わせて融資を受けている場合、担保となった他の物件を一覧できるリストです。「あれ、この人、こんな資産も持っていたんだ」なんて発見があることも。かつて住宅金融専門会社（住専）の融資先の経営者の資産を割り出す取材のときに、大いに威力を発揮しました。

不動産や価格を調べるためのツール

「不動産情報ライブラリ」を使う

不動産をめぐる情報については、決定的なツールが登場しました。国土交通省が2024年4月にローンチした「不動産情報ライブラリ」です。[4-3]不動産の価格情報としては、国土交通省の「地価公示」の公示価格、都道府県の「地価調査」の標準価格に加え、実勢の取引価格も(業者へのアンケートがベースですが)調べることができます。

それだけではありません。造成地なども分かる「地形情報」や、浸水想定区域、土砂災害警戒区域、避難施設なども表示できる「防災情報」。さらに幼保施設や学校、福祉施設などを表示できる「周辺施設情報」。都市計画区域や用途地域などが分かる「都市計画情報」。そして国勢調査の人口メッシュや将来推計人口、駅別の乗降客数が分かる「人口情報」などがすべて表示でき、しかも動作が極めて軽いのです。

そこまでの情報があれば、例えば「最大3メートルの浸水が予想される場所にある幼保施設や福祉施設」を、マップを重ね合わせることで明らかにできますし、乗降客数が増

[4-3]

えている駅と地価との関係を見ることなどにも使えそうです。できたばかりのツールなのでまだ報道に利用されたケースは聞きませんが、非常に期待できるツールだと思われます。

「ディールサーチ」で取引価格を知る

とはいえ、不動産の正確な取引価格を調べるのは難しいものです。「不動産情報ライブラリ」も取引価格は載っているものの、どこの土地なのかは詳しくは分かりません。登記簿でも、抵当権の設定額などから推測するしかありません。結局は不動産のリアルな価格を知るなら、地元の不動産屋さんを回って丹念に情報収集したほうが早いくらいです。

しかし世の中、カネを払えば情報を得ることはできます。「ディールサーチ」は、日経ＢＰ社が運営する「日本最大級の投資用不動産取引データベース」です。[4-4]

約2万件のオリジナルの売買事例データが掲載されていて、ＲＥＩＴ物件の運用データや開発プロジェクトの検索、ダウンロードも可能だとのこと。とはいえこちら、利用料がちょっとお高いです。不動産関係の業者向けであり、記者が利用するには敷居が高いかもしれません。

[4-4]

「国有財産の売却情報」で第二の「森友」を探せ

国が持っていた不動産が売却される場合、財務省のホームページの中にある「国有財産の売却情報」に情報が掲載されます。[4-5] もちろん、利用はフリー。実際には、ここを窓口として各地の財務局のページに飛び、そこから情報を取得することになります。

契約金額や土地の広さ、用途なども記載。誰に売ったのかは、「法人」「個人」としか表記されていないので分かりませんが、不動産の所在地が記されているので、それを基に登記簿を取って調べることができます。

国有財産の売却といえば、思い出すのが「森友学園問題」です。不透明な取引などの問題がないかどうか、自分の取材エリアでチェックしてみてはどうでしょうか。

「BIT不動産競売物件情報サイト」を使う

「BIT不動産競売物件情報サイト」は、全国の裁判所で行われる不動産の競売について、物件の情報を入手できるサイトです。[4-6]

物件の入札公告から落札後の結果まで入手できるので、「幾らで土地が売れたのか」を知ることができる数少ないオープンデータの一つです。また「物件明細書」「現況調査

[4-5]

[4-6]

報告書」「評価書」が3点セットとしてＰＤＦファイルでダウンロードできます。このうち「現況調査報告書」は、個人情報は含まれていないものの、実際に現地を調査した結果が詳しく記されていて、借りている住民から聞いた話や部屋の中の写真まで掲載されています。

「空き家・空き地バンク総合情報ページ」を使う

国土交通省は、各自治体が把握・提供している空き家等の情報について、自治体を横断して簡単に検索できるようにするため、公募で「全国版空き家・空き地バンク」を構築・運営する事業者を選定しました。現在、株式会社ＬＩＦＵＬＬとアットホーム株式会社の2社に運営させています。[4-7]

やはり無料で利用できるので、空き家の情報を知るなら使えそうですね。まだ完璧ではないようですが、２０２４年になって離島の空き家情報も追加されるなど、年々利用できる幅を広げているようです。

[4-7]

「eMAFF農地ナビ」を使う

こちらは農地について調べられるサイトです。

農地法の改正で、農業委員会の農地台帳の整備と電子化、公表が法定化され、2015年からこの「eMAFF農地ナビ」で農地の地目や面積、貸し借りなどの情報(残念ながら、価格については分かりません)が閲覧できるようになりました。全国農業会議所が提供するサイトです。[4・8]

ただ、インターネットでの閲覧では項目に制限があります。サイトに載っていない「所有者や耕作者の氏名を含めた情報」も、農業委員会の窓口に行けば、台帳の閲覧が可能なのだとか。名取市のサイトに詳しいやり方が載っていたので、リンクを張っておきます。[4・9]

「空き家」や「農地」のサイトを利用した調査報道というのはまだ聞いたことがないので、ぜひ使ってみてください。私も機会を見つけて何かやってみようと思います。

[4-8]

[4-9]

「Real Capital Analytics」で世界の不動産を知る

「Real Capital Analytics」は、商業用不動産取引に関するグローバルなデータベースで、世界の投資家や金融機関が有償で利用しているとのことです。[4・10]

正直に白状しますと、これは勉強会で知ったものの使ったことがありません。利用額を考えると通常の取材ではなかなか使いにくいかもしれません。

[4-10]

建物を調べるためのツール

「建築計画概要書」は建物データの基本

建物を調べるのに最も役立つオープンデータが、「建築計画概要書」です。建物を建てるとき、建築主は「建築確認申請」をして、建築基準法にのっとったものであるかどうか審査を受ける必要があります。その申請のために提出される書類です。

概要書には、建築主である会社や個人の情報や、建築士、設計者、施工会社の情報、さらに建物の敷地面積や床面積、構造、高さ、設備などの情報が記載されています。

提出された書類は、違反建築の防止や、隣などとの紛争防止を目的に建築基準法で閲覧ができる定めで、有料にはなりますが写しも入手できます。閲覧ができるのは提出先の特定行政庁で、市の場合は市役所、小さな町村の場合は都道府県の土木事務所になります。ただ、東京都については、延床面積が1万平方メートル以下の建物の場合は市や区で、それを超える大型の建物は都庁の都市整備局市街地建築部建築指導課での閲覧になります。

2018年の西日本豪雨の際、岡山県の倉敷市真備町では多くの住宅が2階まで浸水し、災害関連死を除く51人の犠牲者のうち8割(41人)は平屋の自宅や2階建て住宅の1階で見つかりました。ところが、豪雨の後に建てられた住宅について、NHK岡山放送局の若手記者が「建築計画概要書」を基に調べたところ、32%に当たる307棟が平屋だったことが判明しました。再び洪水が起きれば危険な状態ですが、平屋を建てたほとんどが高齢者。体力的な問題や再建資金の不足で平屋を建てざるを得なかったという実情を明らかにしました。

概要書とともに、建物の図面や「定期調査(検査)報告概要書」「建築基準法令による処分等の概要書」なども閲覧し入手できるようになっています。耐震偽装工事の問題や、大火事などの取材などにも威力を発揮する基本資料です。

「建設データバンク」を使う

2018年にテレビ東京が賃貸アパート大手のレオパレス21の違法建築問題をスクープしました。このニュースを追い掛ける場合、各地にあるレオパレスの物件をどう割り出したらいいでしょうか。一覧表など公表されてはいませんし、先に紹介した建築計画概要書を閲覧しに行く方法は手間がかかり過ぎるので、事実上、不可能です。

そこで威力を発揮するのが、「建設データバンク」です。[4-11]

建物の工事現場で、建築主や建物の情報が記された「建築計画のお知らせ」という看板を目にすると思います。看板の内容は自治体に「標識設置届」として提出されていて閲覧できますが、それをまとめてデータベース化してくれたのが、こちらのサイトなのです。サイトの「物件を探す（物件検索）」というところで、施工者に「レオパレス」と入力して検索すると一覧が表示され、物件をクリックすると建物の情報が表示されます。

このデータベース、さまざまな使い方ができます。エリアを選んで建物を探せますし、用途別、階数、延べ床面積などでも探せるので、例えば「世田谷区に最近できた保育施設」とか、「中野区に建設された5階以上の共同住宅」という調べ方もできます。

惜しむらくは、データがあるのが大都市に限られていること。運営しているベンチャーに以前、取材をしたのですが、人員の関係もあって全国津々浦々のデータを集めるのはなかなか難しいとか。データベースができていない地域では仕方ないので、「建築計画概要書」や「標識設置届」を閲覧しに行きましょう。

[4-11]

第5章

個人の情報を調べる

官報でここまで調べられる

「個人についての情報」は入手が難しいですよね。企業人であれば、ここまで紹介したテクニックで一定の情報は入手できます。本章ではそれ以外の、オープンデータで入手できる個人についてのさまざまな情報を紹介します。

まずは何度も紹介している「官報」ですが、個人についてもやはり情報の宝庫なのです（基本的な使い方は第1章を参照のこと）。

「旅券の返納命令」を官報で調べる

犯罪者に国外逃亡の恐れがあるとき、国は旅券（パスポート）を返納するよう命令します。その際、官報にもそのことが掲載されます。官報情報検索サービスで「旅券」「返納命令」と入力すると出てきます。[5-1]

返納命令には、氏名や生年月日、住所（市区町村まで）、旅券番号などが書かれているほか、どのような理由で命令を出すのか、犯罪であれば容疑の名称や逮捕状がいつ出されたか

[5-1]

なども記載されます。共犯者がいれば、その人物たちの情報も一覧で見ることができます。

以前行ったオープンデータ講座でこのことを解説したところ、日本経済新聞の司法キャップが実際に試してみたそうです。毎朝、官報をチェックしていたところ、JAXA理事だった文部科学省元幹部の汚職事件で、贈賄に関わった疑いが持たれている元会社役員への旅券返納命令が出された＝逮捕状が出ていたことに気付き、スクープにつながったとのことでした。

「自己破産」を官報で調べる

自己破産をすると、官報にその人の情報が掲載されます。なぜかというと、破産者が借金の返済を免除された場合、回収できなくなる貸金業者などが出てくるからです。関係者が影響や損害を最小限に抑えるため対処できるよう、広く知らせているわけです。

2022年の参議院選挙の期間中に応援演説をしていた安倍元首相が撃たれて死亡した事件で、容疑者は「母親が統一教会への多額の献金をして破産し、恨んでいた。トップを狙おうとしたが難しく、安倍元首相が統一教会と近いので殺そうと思った」と供述したということです。実際に母親が破産していたかどうか、官報で検索すると、2002(平成14)年8月に破産した記録が確認でき、裏付けることができます。

また、2015年にNHK秋田放送局は、仙北市の係長が廃棄物処理場の管理業務を発注する見返りに、仙台市の会社社長から賄賂を受け取り逮捕された事件で、係長が以前、自己破産をしていて、その後、業者との関係を深めたと報道しました。取材のベースになったのが、官報の破産者情報でした。

破産者の氏名や住所、それに破産管財人の名前や債権者集会の情報なども載るので、取材を広げられます。何か大きな事件などがあった場合、背景に経済的な事情がなかったかなど、必ず一度は官報で検索してみるといいかと思います。

ただ、この情報を基にした「破産者マップ」というデータベースが今問題となっています。個人にとって非常にセンシティブな情報なので、取り扱いは慎重にすべきです。

「公務員の経歴」を官報で調べる

国家公務員の経歴は、その役所の広報に聞けば教えてもらえます。でも、不祥事絡みの取材をしていて、こっそり調べたいときもありますよね。もちろん、ネットでググれば有名な人や幹部クラスならWikipediaなどで出てくるでしょう。しかし、記者がWikipediaの情報をそのままうのみにして使うわけにはいきません。

そんなときに役立つのが、やはり官報です。幹部クラスなら人事異動の発令は官報に掲載されますから、過去の経歴を調べたいときにはやってみてください。

「公務員の免職」「教育職員の免許取り上げ」を官報で調べる

免職処分となった国家公務員は、官報に記載されます。「職員の免職処分」で検索できます。

また教育職員については、都道府県の教育委員会が懲戒免職とし、免許を取り上げるとその教育職員の氏名や生年月日、免許の種類まで掲載されます。

「行旅死亡人」を官報で調べる

「行旅死亡人」とは、誰にも知られずに亡くなり、引き取り手もない死者のことで、官報に掲載されます。以前からあるデータでしたが、「NHKスペシャル 無縁社会」で広く知られるようになりました。当時取材班は、毎日官報を見て「行旅死亡人」が出ていないかチェックし、取材していったといいます。たった一人で孤立して死んでいくのか……現代に生きる人のそんな不安を「無縁社会」として言語化した優れた報道でした。

その後はさまざまな報道でも使われるようになりました。例えば、ハフポストが「鹿児島市にある旧産婦人科病院の建物から、瓶に入れられたホルマリン漬けの胎児の遺体15人分が見つかった」と報道していますが、これも官報が情報源。ホルマリン漬けで見つかった胎児も「行旅死亡人」なのです。ホルマリン漬けの遺体、実は全国各地の病院で見つかっていて、ちょっとしたミステリーになっています。他にも、北朝鮮から流れ着いたと思われる木造船から見つかった遺体も、行旅死亡人として掲載されます。服装や持ち物なども掲載されるので、こうした情報をじっくり読みこんでいくと、何か気付くことがあるかもしれません。

こうした官報の情報をまとめた「行旅死亡人データベース」というサイトもあります。[5-2]官報の画面をそのまま切り取って使っているので、官報の情報に基づいて発信しているようです。性別、年齢別、地域別でも調べられるようになっていて、便利ではあります。しかしこのサイト、誰が何の目的で運営しているのか分からず、誤った転記などもあるかもしれないので、情報の信頼性は担保されていません。ご利用は自己責任でお願いします。

「行旅死亡人」に関わることがあるデータとして、「相続財産清算人」という情報も官報で入手することができます。「相続財産清算人」とは、亡くなった人の身元が分からない場合や、遺族がいずれも相続を放棄してしまった場合など、相続人がいないときに財産の整理のために裁判所が選任する人です。主に弁護士や司法書士などが選ばれます。

[5-2]

これは汎用性の高いデータではないので、本書では特に項目は設けませんが、例えばNHKは、住んでいた人が亡くなった後、相続されずにマンションの部屋と遺品が放置される〝遺品部屋〟問題を報じていて、その際には相続財産清算人の情報を利用していました。

「帰化した人」を官報で調べる

外国人が日本への帰化を許可されると、その人の情報を法務省が官報に告示します。記載されるのは、名前と住所、生年月日です。家族もいれば、すべて並べて記載されています。

同国人同士のネットワークは強いので、例えば「○○市内のブラジル人社会で妙なことが起きている」「○○市で事件を起こしたタイ人の評判や背景を知りたい」などのケースがあった場合、取材先探しにも使えるかと思います。

「国際テロリスト」を官報で調べる

これを取材に役立てる人は少数かもしれませんが、前に公安担当の記者が興味を持っていたので載せておきます。国連の安全保障理事会が「国際テロリスト」として特別手配書を出すと、国家公安委員会によって官報に掲載されるのです。

手配書だけあってかなり詳しく、氏名、住所、生年月日、出生地、国籍はもちろん、身長、体重、髪や肌、目の色といった身体的な特徴も記載されます。使っている別名や家族の名前が書かれていることもあります。

日記・メモ・自伝・論文は第一級の資料

2012年、札幌市白石区のマンションで、42歳の姉と、知的障害のある40歳の妹が人知れず「孤立死」していました。しばらく前から体調不良を訴えていた姉は病死、妹は凍死していて、1カ月後に見つかるという衝撃的な事件でした。

なぜ2人は亡くなったのか、どういう生活をしていたのか、そして行政などの救いの手はなぜ届かなかったのか。当時のNHK札幌放送局の記者たちが取材をしました。

その際、最も役に立ったのが、姉が日々の予定を記入していた「手帳」と「家計簿」でした。「同じような悲劇を繰り返したくない」という親族に、取材の趣旨を説明して入手したものです。姉は複数の仕事を掛け持ちして懸命に働き、家計を支えてきたものの、亡くなる1年前から公共料金や家賃の滞納を示す赤い「未」の文字が現れます。姉が体調を崩して働けなくなると、2カ月ごとに13万円余りが支払われる妹の障害者年金が家計の支えになっていました。亡くなる半年前には、すべて「未」の状態になっていたのです。

姉はついに生活保護の相談窓口に駆け込みますが、その場で申請をしていませんでした。相談記録には「懸命なる求職活動が条件」と書かれていて、律義な姉は「条件を満たしていないので、まだまだ頑張らなければ」と友人に話していたといいます。派遣会社10社に登録するなど、懸命に仕事を探していた記録もありましたが働くことはできず、最後は受け取ったばかりの年金で滞納した家賃を支払い、たった3円が残った状態でした。

支援の在り方を根本から見直す必要があるのではないか。SOSをきちんと受け取れる制度にするべきだという強い提言をする報道ができたのは、そうした姉妹の生活のリアルを裏付ける資料があったからこそでした。

経済事件の取材でも同様です。いわゆる「黒革の手帳」のメモ一つが、事件の解明の大きなカギになることは本当にあります。

災害の検証報道にも有用

東日本大震災の被災地で、住民が驚くべきところに避難していたのをご存じでしょうか。宮城県女川町では、東北電力・女川原子力発電所の施設内にある体育館で、約360人の周辺住民が最長で80日の避難生活を送りました。

いったい、どんな避難生活を送っていたのか。女川原発は事前に行政が定めた避難所ではなく、突発的に避難所化した「計画外避難所」であり、公式の記録が存在しません。そこで記者たちは、避難していた住民たちをローラー取材。すると、二つの資料が見つかりました。一つは地域住民のまとめ役をしていた男性が書いた「避難所記録メモ」、もう一つは避難していた女性の「日記」。その二つから浮かび上がってきたのは、想像を超える避難者たちの体験でした。

まず、避難した体育館にはテレビが1台だけ置かれていましたが、住民たちはそのテレビで、東京電力福島第一原子力発電所で爆発が起きた映像を見たといいます。「ここは大丈夫なのか」と、電力会社の担当者に尋ねる住民もいたとか。

さらに原発施設の内部なので、火が使えません。だから炊き出しができず、冷たいご飯を食べることが多かったのだとか。洗濯機もないため、洗濯は施設内の水路で行われていました。そしてテロ対策などで警備が厳重なため、ボランティアがなかなか立ち寄ることができません。4月には最大の余震が発生し、住民たちが体育館の外に避難したといいます。こうした内容は、NHK「ニュース7」や仙台放送局のローカル番組のリポートとして発信されました。

2004年に発生した新潟県中越地震では、大きな被害を受けた山古志村(現在は長岡市に合併)の住民全員が避難するという事態になりました。当時の長島忠美村長は、避難生活を送る住民たちと交換日記のような「頑張れノート」を書いていました。全部で6冊。その後、国会議員になった村長は2017年に亡くなり、ノートは復興交流館で展示されていたものの、中身については長く非公開とされてきました。

発災から15年の節目の2019年、NHK新潟放送局の若手記者が役所や住民と掛け合って、ノートを公開してもらえることになりました。その内容を基に当時の住民などにも取材し、『「全員、逃げろ」決断した男』という記事を発信しています。人間が容易にはあらがえない巨大な災害に直面したとき、リーダーは、そして復興はどうあるべきなのかを浮かび上がらせる報道になりました。

2018年の岡山県倉敷市真備町での水害では、地元の警察署の副署長がメモを残していました。朝日新聞はそれを基に当時の状況を記事にしています。

当局による公式記録だけでなく、こうしたさまざまなレベルで現場の真相を明らかにする資料が残されているものです。対応が万全だったのか、不備があったとしたら何が課題になるのか、検証報道には欠かせないものです。特にちょっとしたメモのようなものは、捨てられてしまう前に一刻も早く入手しておくといいかと。

「自伝」「論文」……図書館は宝庫

日記やメモは相手側にお願いして入手する必要があるので、オープンデータとはいえないかもしれません。しかし、実はオープンデータとして入手できることもあります。

例えば企業の経営者などが書いた自伝や回顧録。自費出版でなかなか入手できないものも、図書館などに寄贈されて置いてあるケースが多々あるのです。こうしたものも、調査報道には重要なツールです。また、山古志村の例で示したように、地域の資料館や文化施設などに地元の関係者が残した貴重な資料が人知れず眠っていることもあります。2004年に放送した「NHKスペシャル　調査報告　日本道路公団～借金30兆円・膨張の軌跡～」では、歴代の道路公団幹部や、旧建設省幹部の「オーラルヒストリー」が極めて役に立ちました。

図書館には、さまざまな論文も収められています。特許を取った技術者の論文からその人を探し当て、取材に役立てたケースもありました。どんな論文があるのかを探すのに、使えるサイトがあります。「国立国会図書館サーチ」では、国会図書館だけでなく、全国の公共・大学・専門図書館や学術研究機関等が提供する資料、デジタルコンテンツを統合的に検索することができます。[5-3]

ネット上にある論文については、「Google Scholar」が使えます。[5-4]こちらは論文を優先的に検索するサイトです。また、科学・技術・医学・社会科学・人文科学分野では、世界最大規模の書誌・引用データベース「Scopus（スコーパス）」があります。[5-5]オランダの「エルゼビア」という大手出版社が運営していて、主に研究者たちに重宝されていますが、読売新聞が「米中の共著論文、先端8分野で最大25％減……科学研究でも分断加速」という記事のための調査で使用していました（一部のみ無料）。

[5-3]　[5-4]　[5-5]

個人事業主を調べるためのツール

「タウンページデータベース」で個人事業主を調べる

最近ではめったに見る機会も減った、NTTの『タウンページ』。実はこれもオープンデータとしてすごく使えます。

「消滅可能性都市」という言葉が広く流通する直前の2014年、人口減少する自治体に特徴的な現象として、若い女性が流出しているという問題をNHKの「おはよう日本」で取り上げました。その際、町の特徴的な変化を見るために使ったのが、タウンページです。舞台となった静岡県伊豆市で、掲載されている化粧品店の数を比較すると、以前の3分の2にまで減っていることが分かりました。消えた店、残った店の連絡先や住所も掲載されているので、取材に大いに役立ちます。

2017年には、毎日新聞の「インド料理店数『全国2位』に意外な県」という記事が話題になりました。こちらも、タウンページのデータに面白いものを発見して報道したものでした。コロナ禍の際、その影響で徳島県内の飲食店が1割も減ってしまったと徳島新聞が報じたのは、タウンページのデータを基にしたものでした。

こうしたデータを提供しているのが、「タウンページデータベース」です。[5・6]

NTTが持つ全国約794万件の企業情報を、約1900業種に分類してデータベース化しています（2024年3月末時点）。企業データの6割は法人格を持たない「個人事業主」。つまり第3章に掲載したような企業の調べ方では、引っ掛からないものということです。

こちらのデータベースにあるデータを使った調査は、有料で依頼することもできます。

なお、タウンページは2026年3月31日に終了し、インターネットでの「iタウンページ」が後継となります。単なる「インターネット電話帳」ではなく、「総合ライフポータル」に刷新すると報じられていますので、これまで以上の情報が入手できるようになるかもしれません。[5・7]

また、古い電話帳を利用したい場合は、各地の図書館などで閲覧が可能で、国立国会図書館のサイト（国立国会図書館サーチ　リサーチ・ナビ）にはどこで閲覧できるかがまとめられています。[5・8]

[5-6]

[5-7]

[5-8]

個人の取引を調べるためのツール

「Aucfree」で個人の取引を調べる

「Yahoo! オークション」などでの個人での商取引は、落札されるとすぐデータが消えてしまいますよね。過去の取引のデータを収集して調べられるのが、「Aucfree」というサイトです。[5-9]

このサイトを使って見事なスクープにつなげたのが、朝日新聞の須藤龍也さんたちの手になる「神奈川県庁から大量の個人情報が入ったハードディスクが流出していた」という調査報道です。ハードディスクをオークションサイトで売却していた人物を割り出すのに、Aucfreeが役立ったとのことです。

［5-9］

第6章

乗り物や事故を調べる

自動車事故を調べるためのツール

大事故には必ず「報告書」がある

大きな事故があったとき、国の機関が調査に入ります。調査に入ったならば、必ず「報告書」が作成されます。それを入手すれば、事故の詳細な情報が手に入ります。

例えば自動車事故であれば、「自動車事故報告書」の他、現場の見取り図なども入った「状況報告書」「運転者の健康状態に起因する事故の調査事項」などの文書が作成されるので、それらを情報公開請求で入手することができます。

一方、トラック、バス、タクシーなどの事業者側も、重大事故の場合は「自動車事故報告書」を運輸支局長を経由して国土交通大臣に30日以内に提出しなければなりません。この際、ドライバーの勤務表なども提出されることがあります。さらに「死者1人以上の事故(トラックは2人以上)」「けが人10人以上の事故」「酒気帯び運転の事故」「転覆、転落、火災事故」などについては、事業者は24時間以内に「速報」を提出しなければなりません。これらも国交省や運輸局、運輸支局などへの情報公開請求で入手することができます。

２０１６年1月に、長野県軽井沢町で13人の大学生が亡くなるスキーツアーのバス事故が発生しました。ＮＨＫの取材班は、事故報告書をはじめとした各種の資料を入手し、「ＮＨＫスペシャル　そしてバスは暴走した」を放送しました。運転手不足から高齢ドライバーが過酷な勤務を担っている現実や、利益優先で安全対策を怠る会社が跋扈《ばっこ》する業界と社会の問題を明らかにした優れた調査報道でした。

自動車事故の調べ方

事故報告書は、直後は情報公開で取るしかないので完全に「オープンデータ」とはいいにくいところもありますが、過去の事故を検証したり比較したりするなら、オープンデータとして入手できます。

自動車事故の場合は、国交省の「事業用自動車事故調査委員会」のサイトに、「特別重要調査対象」「重要調査対象」の報告書が掲載されているので、そちらから入手できます。[6-1]

先に挙げた軽井沢のバス事故の報告書も、今ではこちらで入手できます。事故を起こした車体の内部や現場などの写真、運行ルートの地図、運転手の勤務記録まで、詳細なデータが記載されています。

こうした事故の統計データを入手できるサイトもあります。事故調査委員会の事務局

[6-1]

を担っている公益財団法人交通事故総合分析センターのサイトです。[6-2] 各種事故の統計の他、都道府県ごとに比較ができるようにもなっています。

「信号機台帳」で赤か青か調べる

これまた純粋なオープンデータではないので申し訳ないのですが、街中での交通事故の際、「信号が赤だったのか、青だったのか」でもめることがありますよね。これを調べられるのが「信号機台帳」です。都道府県の公安委員会への情報公開請求で入手が可能。信号の色だけでなく、設置年月日やどのような機種なのかも分かります。

台帳が信号機1台1台のデータを記録しているのに対し、交差点ごとの各信号機のデータをまとめたのが、「信号機秒数個別履歴」です。これも同じように情報公開請求で入手することができます。実はこの資料、交通事故の責任を争う裁判などで登場するもので、弁護側から入手方法を教えてもらいました。地方局にいた頃にこんなテクニックがあると知っていれば、いろいろと使えたかもしれないと後悔しています。

［6-2］

映像も入手できる

事故といえば、最近はドライブレコーダーに記録された映像を入手して、報道などに使うことが増えてきましたよね。ドライバーの方に頼み込んで使わせてもらうのは、なかなか骨が折れます。

しかし、事故調査委員会が撮影した映像なら、情報公開請求で手に入れることができます。前述のＮＨＫスペシャルでも、事故直後に車内を撮影した画像などを入手し、使っていました。

自動車事故だけではありません。２００１年12月に東シナ海で海上保安庁の巡視船が北朝鮮の工作船と銃撃戦を行い、沈没させるという事態が起きていたことを覚えているでしょうか。「クローズアップ現代　暴かれた不審船～問われる日本の海上警備～」では、自衛隊が上空から撮影した、銃撃戦の様子を捉えた映像を情報公開請求で入手して使用していました。

激しい銃撃戦の映像は、それまでは海上保安庁が自ら撮影し、説明のテロップまで入れて編集したものがマスコミに提供されていただけでした。別の映像を入手したことで、演出のない「生の映像」が初めて明らかになりました。

その他の事故を調べるためのツール

「運輸安全委員会」のサイトを使う

船舶・鉄道・航空機の事故のオープンデータは、運輸安全委員会のホームページから報告書を入手できます。[6-3]

船であれば衝突事故や座礁事故などだけでなく、船内での労災も調べることができます。航空機にはヘリコプターなども含まれます。事故の報告書には、飛行の経過や地図、時系列のまとめ、そして機体の写真まであります。

事故の統計も調べることができます。例えば、鉄道事故では事故の種類によって発生件数が一覧表になっているので、目立って多かった2016年の「踏切障害」をクリックするとそれぞれの事故の中身を知ることができます。こうして過去の事故と比較して検証したり、もしかすると「危険な踏切」を見つけたりすることもできるかもしれません。

[6-3]

「船舶事故ハザードマップ」で過去の事故を調べる

事故や乗り物のオープンデータでは、使える「マップ」が数多くあります。

前頁でも紹介した運輸安全委員会は「船舶事故ハザードマップ」というサイトを運営しています。[6-4]過去に起きた船の事故を地図上で視覚的に調べられるものです。

事故が発生した日時などで条件を絞り込んで検索すると、地図上に事故があった場所が表示されます。オレンジ色の二重丸が「転覆・沈没等」で、緑色の丸にバツ印が「衝突」、緑色の三角マークが「乗揚等」、黄色い丸に炎のマークが「火災・爆発」、紫色の四角が「その他」などとなっています。どこで事故が起きたのか、図面などを作るときにも役立ちますね。それぞれの印をクリックすると、事故の具体的情報が表示され、さらにそれをクリックすると「事故調査報告書」がポップアップで出てきて、入手することができます。

船舶の名前で直接検索して、その事故現場を表示させることも可能です。その他にも、船舶の種類や大きさ、事故の種類を絞り込んでの検索も可能。つまり、「タンカーの衝突事故」が、どこでよく起きているのかを探すことなどもできるわけです。さらに、そこに船の交通量や、漁場の場所なども、重ね合わせて表示することができます。

[6-4]

「YAMAP」で山岳事故を調べる

乗り物ではありませんが、事故つながりで、山岳での遭難事故などに使えるオープンデータを紹介しておきましょう。

例えば「YAMAP」は、「電波が届かなくても現在地が分かる」「登山の記録が簡単に作れる」「記録をシェアできる」ことを売りにした、登山愛好者のためのアプリです。[6-5]

このアプリでは、ユーザーが自分の登山ルートなどを共有していて、写真やコメントなども公開しているのです。山岳事故が起きたら、まずこちらのサイトで検索してみてください。実際に遭難した人たちが情報をオープンにしていて、どんな人がどういうルートで登山して遭難したのかを知るための取材に役立ったこともあります。

このアプリ、最近、遭難救助迅速化のために警察と協定を結ぶケースが出ています。登山者用のアプリは他にもあり、登山計画を作成できる「コンパス」というアプリも、県警と協定を結んでいました。[6-6]

過去には、NHKのチームがYAMAPに協力してもらって、保有しているデータから「実は低い山ほど遭難してしまう人が多い」というデータジャーナリズムの特集を組んだこともありました。

[6-5]

[6-6]

船舶を調べるためのツール

「Marine Traffic」などで船舶や航路を調べる

リアルタイムで船の位置や航路が分かってしまう優れもののサイトが「Marine Traffic」です。[6-7] 小さな漁船から豪華客船、タンカー、軍船まで、さまざまな船舶のオープンデータが無料で見られます。船の衝突を防ぐために発信されているＡＩＳ（船舶自動識別装置）の信号を利用したものです。よく知られるようになったので、最近は多くのメディアが使っているのではないでしょうか。

航路だけではありません。地図上で刻々と動いている船のマークをクリックすると、船の写真や情報が表示されます。地図から探すだけでなく、船名から検索することもできます（日本語ではなく、ローマ字で入力することをお忘れなく）。船の基本的な情報や、母港、写真なども載っています。

港についても航空写真や港周辺の写真の他、最近寄港した船のデータやどんな種類の船が寄港するのかという統計、時間ごとの周辺の気象状況の情報なども知ることができ

［6-7］

ます。事故だけでなく、さまざまな取材に活用できそうですね。

このサイトを使ってある船の航路を割り出し、調査報道につなげたのが、ＮＨＫ政治マガジンに掲載した「謎の中国船を追え！」という記事です。[6・8] 当時、新潟放送局の若手記者が手掛けたもので私がプロデュースしましたが、調査報道のさまざまな技法を詰め込んだ教科書的な記事にも仕立てていますので、若い記者の方はぜひご一読を。この報道が基になって、２０２２年６月に「ＮＨＫスペシャル　追跡・謎の中国船～〝海底覇権〟をめぐる攻防～」が制作されましたが、別の航路のオープンデータを徹底的に駆使して分析した内容になっていました。この他にもＮＨＫでは「Marine Traffic」のデータを使って、「北朝鮮のミサイルが落下した場所の周辺には、どれくらいの船舶がいたのか」を明らかにする報道もしていました。

同じような船舶のデータが得られるサイトは他にもあります。「Vessel Finder」もやはり航路などが分かりますし、船のデータも同じように取れます。[6・9]

もう一つが「MyShipTracking（私の船を追跡）」で、注目している船を追跡していくサイトです。[6・10] ２０１８年9月の台風21号の影響で、関西国際空港の連絡橋にタンカーが衝突する事故がありましたが、その際、このサイトを使ってタンカーの名前から情報を割り出したメディアがあったようです。

[6-8]

[6-9]

[6-10]

「Equasis」で海運を調べる

船舶による輸送について調べられるのが「Equasis」です。[6-11] サイトの説明によると、「欧州委員会とフランス海事局が、船舶に関する既存の安全関連情報を官民の情報源から収集し、インターネット上で利用できるようにする情報システム」で、「標準以下の船舶を減らすことを目的としたツール」「商業目的ではなく、公共の関心事に対処した、世界の船舶を網羅する国際的なデータベース」だとのこと。

ロイターが、ウクライナ領土から盗まれた穀物の輸送に関与した疑いがある3隻の船について調査するのに使用していました。

「Global Fishing Watch」で漁船を調べる

海洋資源を適切に管理するため、漁業や漁船の動きを監視できるようにしたツールが「Global Fishing Watch」です。[6-12] サイトの説明によると、「衛星技術と機械学習を使用して、さまざまなデータソースからの情報を統合し、船舶がどこで、いつ、どのように漁をしているのかを明確に示します」としています。２０３０年までには完全可視化を進めたいとのことです。

[6-11]

[6-12]

「船舶登記」で船の持ち主を調べる

実は不動産や法人と同じように、船も法務局に登記簿があります。対象は総トン数が20トン以上の日本の船です。ただ、大変面倒なことに、不動産や法人と違って、この登記簿だけはいまだに電子化されていません。入手するには船籍港のある場所の法務局にまで行かなければなりません。このため、本書の趣旨からは外れるかもしれませんが、使える資料なのに知らない人も多いので紹介しておきます。

登記を取るには「船の名前」と「船籍港」の情報が必要。その船の持ち主が誰なのか(所有権)、借り手はいるのか(賃借権)、借金の担保になっていないか(抵当権)などが分かります。

航空機を調べるためのツール

「Flightradar24」などで航空機やルートを調べる

船舶と同じように、航空機も現在位置や飛行ルートなどを調べられるサイトがあります。有名どころは、「Flightradar24」です。[6-13] ＮＨＫのニュースでも「Flightradarによりますと……」とクレジットを付けて使うほどになっているので、今や使っているメディアは多いでしょう。これもやはり事故などを防ぐためのＡＤＳ-Ｂ（放送型自動位置情報伝達機能）の信号を利用したサービスです。

サイトにある説明を、優秀な翻訳ツール「DeepL」に訳してもらいましょう。[6-14]

Flightradar24は、世界中の数千機の航空機に関する情報をリアルタイムに提供するグローバルなフライトトラッキングサービスです。世界中の４０００以上の空港を発着する、１２００以上の航空会社による18万以上のフライトをリアルタイムで追跡しています。

[6-13]

[6-14]

同じようなサイトは他にもあり、用途によって使い分けた方がいいようです。例えば「Flightradar24」で、渡嘉敷島のそばに謎の機影を見つけました。同じところをぐるぐる回っていて、機体に関する情報は「N／A」つまり「該当なし」となっていました。

別のツール「AirNavRadarBox」で同じ機体を調べてみると、ヘリコプターであることが分かりました。[6-15]飛行ルートをたどると、発進した場所は「Kadena Air Base」。なるほど、米軍の嘉手納基地を出発したヘリコプターだったというわけです。どうりで情報が少ないはずです。

さらにもう一つのサイト、「FlightAware」で見てみましょう。[6-16]こちらは日本語表記にも対応しています。

FlightAwareでは、ルートだけでなく高度の変化も図6-1のように分かりやすく表示されます。こんなにグネグネと上下するのは、もうヘリしかありませんよね。

発進した場所についても「嘉手納飛行場」と表示されています。さらに機体番号から、12日前にも飛行していたという記録が表示されました。

一つのサイトでうまくいかなくても、別のサイトで試してみるのが重要かもしれません。

ちなみに、Flightradar24では政府専用機や軍用機を表示しないようにしていますが、例えばADS-B Exchangeなどでは表示していて(軍用機はその限りではない)そちらを使って

[6-15]

[6-16]

図6-1　FlightAwareの画像

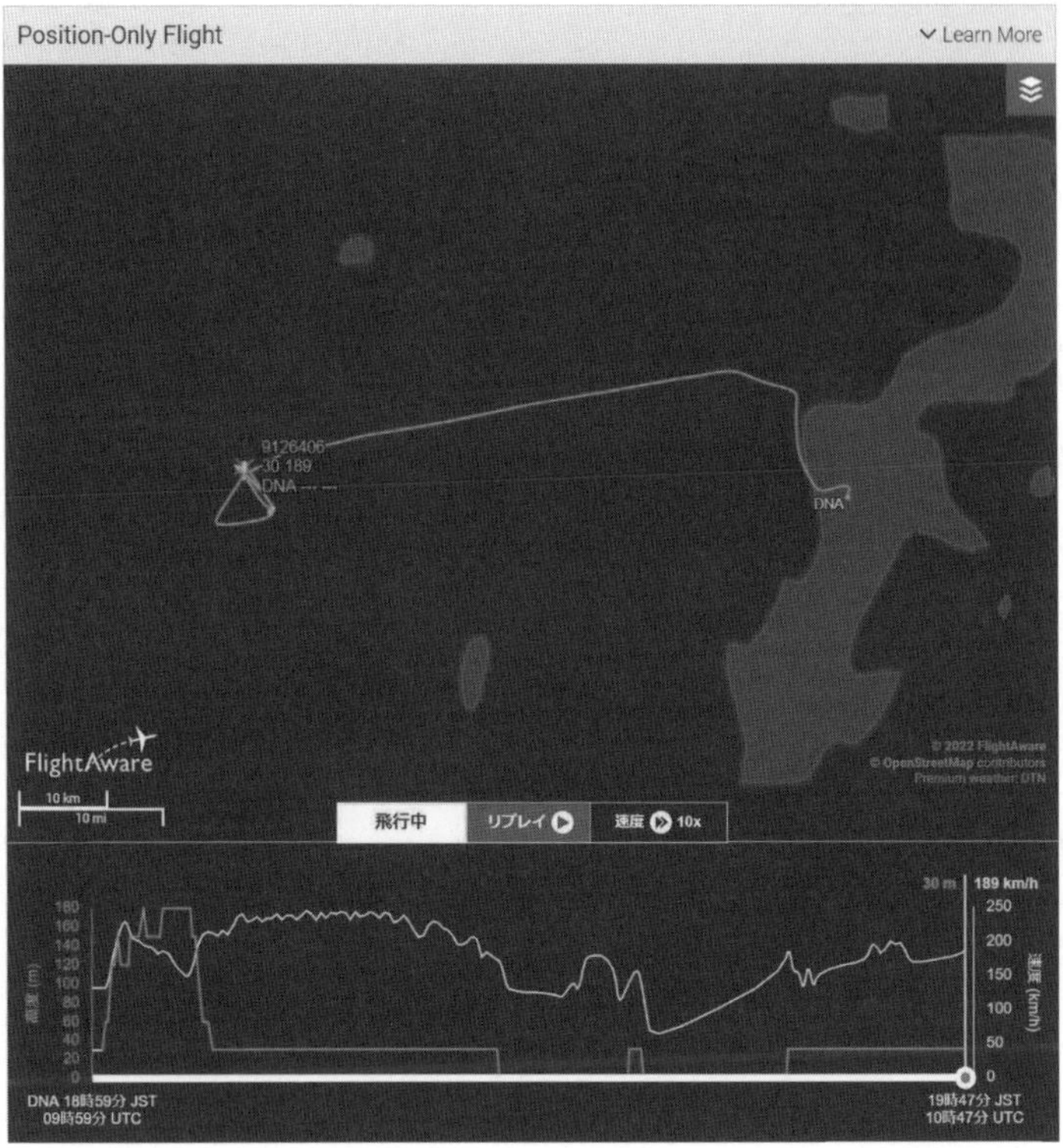

いる記者もいます。[6-17]

「JA Search」で民間航空機の情報を調べる

「JA Search」は日本の民間航空機のデータベースです。[6-18]「登録記号」「型式」「所有者」「定置場」の四つの検索条件のうちのどれかで検索できます。「民間」と言いつつ、国の機関が運用している機体も出てきます。

２０２４年１月２日に羽田空港でＪＡＬ機との衝突事故を起こした海上保安庁の機体は、DHC-8-315という型式でした。それで検索をすると一覧が表示され、海上保安庁が多く使っていることが分かります。このうち、登録記号ＪＡ７２２Ａというものに、事故についての備考があったので、この番号をクリックすると、詳しい機体の情報が得られました（図６－２）。

残念ながら、個人所有は「個人」としか表記されないので、プライベートジェットを持っている富裕層を調べるような使い方はできません。とはいえ、数は限られているので、割り出すための手掛かりにはなるでしょうし、航空会社が持っているものを調べるなら役には立つと思います。

[6-18]　[6-17]

図6-2　JA722Aの機体情報

JA722A 機体情報

検索フォーム

登録記号	型式	製造番号
JA722A	ボンバルディアDHC-8-315	656

2012/6/2
東京湾沖

JA722A 登録履歴

型式	登録日	所有者(使用者)	定置場	備考
ボンバルディアDHC-8-315	2009年 2月19日	双日航空機	日本飛行機厚木製作所	新規
	2009年 3月16日	海上保安庁	羽田航空基地	
	2024年 4月 9日	抹消		解役(2024/03/31)、東京国際空港においてJA13XJと衝突(2024/01/02)

「航空機登録原簿」で航空機の持ち主を調べる

船に「船舶登記」があるように、航空機にも「航空機登録原簿」があります。これがいわば航空機の登記簿に当たり、所有者の変遷や抵当権の状況が分かります。こちらの場合は、法務局ではなく、国交省の航空局総務課が請求の窓口です。[6・19]
謄本は１通９７０円で、請求から5日ほどかかります。即日交付はできません。郵送での請求も可能ですが、ネットやメールでの請求はできません。

「LiveATC.net」で空港と航空機の通信を聞く

空港と航空機の間で交わされる無線通信を聞けるサイトが「LiveATC.net」です。[6・20] ライブだけでなく、過去の通信も記録されているので、事故などが起きたときに使えるかもしれません。

私は必要に迫られることがなかったので、こちらを実践的に使ったことはないのですが、無線に詳しいデスクに使ってもらったところ、「海外の空港の取材には有効かもしれないけれど、日本では羽田と福島ぐらいしか反応がない。正直、国内なら自分の無線機を使った方がいい」とのことでした。

[6-19]

[6-20]

第7章

サイトの情報を調べる

消されたサイトの情報を復活させる

第1章で述べたように、入札のことを告知する「入札公告」や、結果を示した「入札（経過）調書」は、官庁や自治体のホームページに掲載されますが（掲載されていない場合もあります）、これが削除されてしまった、というケースがありました。

沖縄タイムスは、2016年5月に辺野古沖の米軍新基地建設に関連して、沖縄防衛局の発注をめぐる「辺野古警備　入札を厳格化して事実上1社だけ指名　防衛局」という記事を出していました。

この警備業務発注の入札資料は、沖縄防衛局のホームページにあったのですが、東京新聞がその後、2019年4月に1面トップで報じたところによると、ホームページから削除されてしまっていたといいます。こんなときは、どうしたらいいのでしょう。消された情報は二度と閲覧できないのでしょうか。

「WARP」を使う

諦めるのは早いですよ、強い味方があります。それが「WARP」、国立国会図書館が行っているウェブアーカイブの事業（インターネット資料収集保存事業）です。[7-1] どういうもので、何のためにやっているのでしょうか。サイトの説明文から一部引用します。

> 消えて行くウェブサイトの情報に再びアクセスするためには、どうすればよいでしょうか？　その解決法の一つが、ウェブサイトの情報が消えて無くなる前にそれらを集めて保存しておくことです。このようにウェブサイトを収集して保存することをウェブアーカイブ（Web Archive）と言います。
>
> ウェブアーカイブは、世界各国の国立図書館や公的機関が中心となって行っており（世界のウェブアーカイブ）、日本では国立国会図書館が２００２年よりインターネット資料収集保存事業（WARP）を実施しています。（中略）
>
> 後の世代の人々が過去を振り返ろうとした時、ウェブサイトの情報が残されていなければ、歴史の一部が大きく欠けることになるでしょう。そのようなことが無いよう、ウェブサイトにある情報をしっかりと保存して後の世代に伝えて行く必要があります。

［7-1］

素晴らしい取り組みですよね。「図書館」という存在が、デジタル化に適応してその姿を変えつつあることが分かります。私も何度もこの取り組みに助けられました。では、実際に先の沖縄防衛局の例で、使ってみましょう。

キーワード検索の画面で記事に登場した「沖縄防衛局」「海上警備」「入札・契約状況調書」というワードを入力すると、WARPにアーカイブされている過去のサイトの一覧が、いつのものか分かるように示されます。その中から、入札結果が掲載されていた時期の過去のサイト情報を選択すると、当時の沖縄防衛局のサイトがそのまま復元されるのです。復元された平成27年度の入札結果のサイトには、「シュワブ(H27)海上警備業務」という入札資料があることが分かりました。そこをクリックすると、削除されたはずの、「入札・契約状況調書」が出てきました。

東京新聞の記事を見たとき、必ずWARPが役立つはずだと思ってすぐにやってみると、案の定、保存されていたので何よりホッとしました。

ただ、官庁側もこの存在には気付いていて、財務省の情報公開担当の幹部と話したところ、WARPのことを知っているとのことでした。要するに官庁側も残されることを前提にサイトに掲載するものを決めていると思われます。適切な情報公開をお願いしたいものです。

「Wayback Machine」を使う

アーカイブサイトには、民間のものもあります。世界的にも最も有名なのが「Wayback Machine」[7-2]。１９９６年にBrewster Kahle氏によって設立された、この分野では古株の非営利法人Internet Archiveが運営していて、利用者の寄付によって成り立っています。古株だけあって、そのアーカイブ量も圧倒的。当初は、ウェブ情報の保存に力を入れていましたが、現在は、電子書籍や動画、音源などの保存にも取り組んでいるとのことです。米国のサイトなので、日本語で検索しても探している情報は引っ掛かりません。欲しいサイトのＵＲＬを入力して検索するのがよさそうです。また、サイトの奥の方にあるデータまで丁寧に収集して構造化しているわけではないので、WARPのように実際のサイトを使っているかのような使い勝手の良さはありませんし、データ収集の頻度も多くはありません。とはいえ、民間のサイトや海外のサイトの収集については、Wayback Machineの方が圧倒的です。政府機関や自治体のサイトに強いWARPと使い分けると良いかと思います。

Wayback Machineについては、ＧＩＪＮ＝世界調査報道ネットワークも、ジャーナリスト向けに使い方の手引きを紹介しています。報道実務家フォーラムのサイトに日本語に翻訳したものがありますので、そちらもどうぞ。[7-3]

[7-3]

[7-2]

世界のウェブアーカイブあれこれ

紹介したサイトだけでなく、世界には他にも優れたウェブアーカイブがあります。WARPの中で、代表的なものが紹介されています。[7-4]

「NHKスペシャル　謎の感染拡大～新型ウイルスの起源を追う～」は、新型コロナウイルスがいつ、どこで発生し、どのように広がったかを世界中の研究論文や当局資料、SNSや人々の移動情報などあらゆるオープンソースで分析した番組です。この番組では、Wayback Machineはもちろん、ウェブ魚拓やTime Travel、archive.todayなど複数のアーカイブを組み合わせて利用し情報を収集したということです。[7-5][7-6]

ウェブアーカイブはサイトによって収集する対象や時期が違っているので、同じサイトでもアーカイブによって保存できているものが違うかもしれません。多数のアーカイブがあっても、たった一つのアーカイブしか保存していなかったものもあります。やはり複数を併せて使うことが有効なようです。

文書共有サイトを使う

前述の「NHKスペシャル　謎の感染拡大」では、ウェブアーカイブだけでなく、「文書

[7-4]

[7-5]

[7-6]

共有サイト」も多用したということです。これは、さまざまな種類の文書を集めて入手できるようにしたり、ある分野の専門家たちが関係する資料を収集して共有したりするために使われているものです。中国では「百度文庫」などが知られていますね。[7-7]

文書共有サイトは、特定の専門分野ごとに世界に多数あります。主に研究者たちの情報共有などを目的に設置されたものですが、ジャーナリストにとっても非常に重要なものです。

[7-7]

ホームページを制作した人物を調べる

「WHOIS」「aguse.」でサイトの情報を調べる

インターネットのサイトには「ドメイン名」があります。要するにインターネット上の住所で、メールアドレスやURLの末尾にある「○○○.jp」などです。これがあるから、メールが届いたり、サイトが設置できたりするわけです。

そのドメイン名から、サイトの持ち主などの情報を割り出すことができます。最も基本的なドメイン名登録情報検索サービスが、「WHOIS」です。[7-8]

ここでドメイン名を入力すると、そのサイトを誰が登録したかなどの情報が得られるのですが、これを基にしてよりさまざまな情報を得られるようにしたサイトが「aguse.」です。[7-9]

サイトのURLを入力すると、「IPアドレス」「サーバーの位置情報」「ドメイン情報」「DNS情報」「同一サーバー上のサイト」「マルウエア感染」「フィッシングサイト登録」など、さまざまな情報が得られます。

[7-8]

[7-9]

話題になった持続化給付金のサイト（現在は閉鎖）のドメイン情報を調べてみましょう。WHOISを使って得られた検索結果が図7-1です。

ここまで何度も取り上げた、一般社団法人サービスデザイン推進協議会がサイトの登録者として登場します。サイトの登録年月日を見ると、この事業の委託先が決まる前、それどころか競争入札の公示が行われる前の4月6日になっていたので、いったいこれはどういうことなのだろうと疑惑を抱かれる原因になりました。もともとあったものを流用したのか、受注を見込んで登録しておいたのか、はたまた……。

WHOISやaguse.、それに類似のドメイン検索サイトは、サイトの登録担当者などの情報も出るので、非常に役立ちます。ネット広告で不正が相次いでいたことを暴いたNHKの調査報道「ネット広告の闇」でも威力を発揮しました。気になるサイトがあったら、とにかくドメイン情報を調べてみる。これだけで、大きなヒントが得られるかもしれません。

「WhatCMS」でサイトを調べる

「WhatCMS」は、そのホームページがどのようなCMS（コンテンツ管理システム）で制作されているかを突き止めることができるツールです。[7-10]

[7-10]

図7-1　持続化給付金のサイトのドメイン情報

検索タイプ　　検索キーワード

ドメイン名情報　jizokuka-kyufu.jp　検索

```
Domain Information: [ドメイン情報]
[Domain Name]                   JIZOKUKA-KYUFU.JP

[登録者名]                      一般社団法人サービスデザイン推進協議会
[Registrant]                    Service Design Suishin Kyogikai

[Name Server]                   ns-1923.awsdns-48.co.uk
[Name Server]                   ns-891.awsdns-47.net
[Name Server]                   ns-322.awsdns-40.com
[Name Server]                   ns-1263.awsdns-29.org
[Signing Key]

[登録年月日]                    2020/04/06
[有効期限]                      2023/04/30
[状態]                          Active
[最終更新]                      2022/05/01 01:05:08 (JST)

Contact Information: [公開連絡窓口]
[名前]                          一般社団法人サービスデザイン推進協議会
[Name]                          Service Design Suishin Kyogikai
[Email]                         yoshida.s@service-design.jp
[Web Page]
[郵便番号]                      104-0045
[住所]                          東京都中央区
                                築地 3-17-9
[Postal Address]                Chuo-ku
                                3-17-9 Tsukiji
```

調査集団ベリングキャットが、実際にこのツールを使っていました。過激派団体を宣伝し、資金調達の手助けにもなる極右ファッションがなぜ流通しているのか。実はそうした商品のネット販売が、人種差別主義やヘイト関連コンテンツの宣伝を禁じるポリシーを掲げる大手企業のサービスによって可能になっていたのです。ベリングキャットはこのツールを使って、それを調べ上げました。

SNSの分析には「デジタル報道ハンドブック」を

Twitter や Facebook、LinkedIn などといった個人が発信するSNSでは今や膨大な情報が流れていて、その分析ツールも多数登場しています。これもオープンデータの一種ですが、多種多様なため、本書では掲載の対象にしていません。一般社団法人の「デジタル・ジャーナリスト育成機構（D-JEDI）」のサイトに古田大輔さんが「デジタル報道ハンドブック」としてまとめていますので、関心のある方はそちらをお使いください[7-11]（有料会員限定のコンテンツになります）。

[7-11]

第8章

政治とカネを調べる

政治団体を調べるためのツール

政治とカネの調べ方については、すでにさまざまな記者がそのテクニックを披露する解説記事などを書いていますが、「取材ツールのカタログ」を目指す本書としても、やはり触れないわけにはいきません。私自身この分野の報道には長く関わってきたので、あくまで「オープンデータ」という趣旨の範囲で紹介できるところはしておこうと思います。

政治家の団体には4種類ある

政治家の活動やカネを調べるときに、必ず押さえておくべきものがあります。それが「政治団体」です。政治家はここをベースに政治活動をしています。つまり、完全な裏金でなければ、カネも政治団体を通して動くのです。

1. 資金管理団体

政治家の、いわばメインの「財布」です。議員や候補が政治献金などを受けるための団体で、代表を務めている政治団体の中から一つを指定できます。個人からの寄付はいいけど、企業献金はダメなど、受けられる寄付には一定の制限があります。

2. 議員や候補が代表の団体

資金管理団体以外の、議員が代表を務める政治団体です。目的別につくられることなどがあります。政治家本人からこの団体への寄付に、資金管理団体とは違う制限があります。

3. 議員や候補を推薦したり支持したりしている団体

代表が本人ではない、「○○後援会」などです。

4. 議員や候補が代表の政党支部

例えば自民党であれば「自民党○○県第○選挙区支部」などとなります。他の団体と違って、企業献金も受けられます。

政治団体への寄付の制限などについて、もっと詳しく知りたい方は、総務省のサイトに「政治資金規正法のあらまし」という文書がありますので、そちらをお読みください。[8-1]

[8-1]

政治家個人の団体とは別に「政党」もあります。「政党」はそれ自体が政治団体ですし、政党のいわば財布に当たる「政治資金団体」もあります。

さらに特定の業界が政治活動をするための団体もあります。例えばコロナ禍でその名前をよく聞くようになった「日本医師会」には、「日本医師連盟」という政治団体があります。お医者さんたちによる政治団体で、ここから自分たちが支援したい政治家の団体などに、多額の寄付をしています。

政治家の懐具合が分かる「四つの文書」

そうした寄付などのカネの流れがなぜ分かるのかというと、「収支報告書」という文書があるからです。法律で提出が義務付けられています。

同様に、選挙のときのカネの使い道や、個人の資産について、議員は公表する義務を負っています。主に四つの文書を見れば、政治家にまつわるカネの動きは、だいたい分かるといわれています。

1．政治資金収支報告書

政治団体が毎年、必ず出さなければならない報告書です。政治資金規正法で義務付けられています。提出先は、二つ以上の都道府県にまたがって活動している団体は総務省(正確には大臣宛て)に、そうでない場合は都道府県の選挙管理委員会に提出することになっています。毎年11月に前年分が定期公表され、内容が修正されたり追加されたりすると、その都度、公表されます。

政治団体がどんな寄付を受けたか、パーティーでの収入が幾らあったか、そして何に幾ら使ったのかなどが分かります。総務省の場合は、3年分をホームページで公開しています。[8-2]

2. 政党交付金使途等報告書

政党の活動を助成するため、国は一定規模以上の政党に政党交付金を渡す仕組みになっています。私たちが納める税金から出ていることから、使い道や金額については、文書で提出することが政党助成法で定められています。前記の総務省の同じホームページで公開。こちらは、より長い5年分が見られます。

3. 選挙運動費用収支報告書

選挙の際、候補は幾らの寄付を受け取り、選挙活動では何に幾らを使ったのか。出納責任者が収支報告書を選挙管理委員会に提出することが、公職選挙法で定められていま

[8-2]

す。提出から3年間は選管で閲覧できます。要旨であれば、ホームページで公開しているところもあります。

ただ、都道府県庁それぞれでの閲覧の手続きなどには非常に手間がかかります。そこで日本大学の安野修右研究室と調査報道グループのフロントラインプレス、それにSlowNewsの三者が共同して、全国から集めた収支報告書をネットで閲覧できる「選挙運動費用データベース」の提供を２０２４年の10月から始めています[8・3]（利用にはSlowNewsの有料会員登録が必要）。現在、収蔵されているのは２０２１年の衆議院選挙と東京都議会議員選挙の分ですが、今後、さらに拡充させていく予定です。

4. 資産や所得の報告書

国会議員が個人で持っている財産や、どんな収入を得ているのかも文書で分かります。

１９９２年に定められた「政治倫理の確立のための国会議員の資産等の公開等に関する法律」によって、以下の３種類の報告書を衆議院議長か参議院議長に提出しなければなりません。

- 「資産等報告書」（不動産、定期預貯金、株、自動車、美術品、ゴルフ会員権、借金等）
- 「所得等報告書」（総所得額、贈与で取得した財産）
- 「関連会社等報告書」（報酬を得ている会社の名称・住所と役職）

[8-3]

この報告書は一般に公開され、誰でも閲覧できます。報告書の提出の時期は、2種類あります。

①選挙後、100日以内に「資産等報告書」を提出。直前の12月31日時点での資産を記載。

②毎年、前年分の3種類すべての報告書を4月1日~30日の間に提出。ただし、「資産等報告書」は前回提出分から新たに増えた分を記載するだけでよく、「資産等補充報告書」という名称に。

公開時期については、①は提出期限から1カ月余り後、②については毎年6月中旬となっています。公開された報告書を基に、議員が持っている株式の問題を暴いた報道や、明らかに資産の額がおかしいことを指摘した報道なども、過去には出ています。

ただ、この報告書はネットでは公開されておらず、衆議院や参議院のそれぞれの議員会館の地下にある閲覧室に行って閲覧するしかありません。法律の趣旨から考えても誰もが閲覧できるよう、ネットでの公開をぜひお願いしたいと思います。

もちろん、以上の4種類の資料さえ見れば、完全に分かる！　というわけではありません。本当の「裏金」は痕跡さえ見当たらないこともありますし、事実と違うことが記載されていたケースも多々あるからです。ただ、「カネは必ず足跡を残す」とも言われていて、この四つの基本資料を読み解くと、「足跡」が見えてくることがあります。

政治資金などの資料を入手するためのツール

「政治資金センター」のサイトで調べる

「政治資金収支報告書」は、前記の総務省のホームページに掲載されるので、まずはそこから入手することです。ただ、政治資金規正法の改正で、2026年以降はネットでは寄付者の住所が市区町村までしか見られなくなってしまいます。詳しい住所も記載されたものを見るには総務省への情報公開請求などの手続きが必要になります。さらに、ここですべてを入手することはできません。都道府県選管への届け出分は、それぞれのホームページ、および情報公開請求で入手する必要があります。こうしてみると、収集するのは大変な作業になりますよね。そんなときに頼りになるのが、公益財団法人政治資金センターのサイトです。[8・4] 全国から収支報告書を集めて、オープンにしてくれているのです。議員の名前や地域ごとに探すこともできるので、非常に助かります。ただし、やはり個人情報保護法に対応するため、寄付者の住所の詳細は認められた研究者やジャーナリストなどの有料会員にのみ、データベースで調べられるシステムに変更されました。

[8-4]

「WARP」を使う

総務省や都道府県のホームページで政治資金収支報告書を入手しようとしても、直近3年分しか掲載されていません。それより古くなると、削除されてしまいます。政治資金センターも2011年分以降のものしか収集していません。

過去の資料については、やはり第7章で紹介した、国立国会図書館が運営するアーカイブ「WARP」が威力を発揮します。[8・5]すでに削除されてしまった政治資金収支報告書も入手可能です（WARPについて、詳しくは第7章を参照のこと）。

ただし、検索の仕方に少々コツがいります。まずトップ画面から、検索窓を使うのではなく、その横にある詳細検索というところをクリック。そして「メタデータ」「タイトル」のところに都道府県名を入力し、「コレクション」のところにある「都道府県」にチェックを入れて検索します。すると、収集した年月日で一覧になって表示されるので、過去のものを選んでクリックしましょう。ここからは通常のホームページを利用するのと同じで、階層を潜《もぐ》っていけばいいだけです。例えば岐阜県の場合は、「県政情報」→「選挙」→「政治団体・政治資金」→「政治団体収支報告書の公表」とたどると、過去の収支報告書を入手できます。

総務省のサイトについても、同じようにして消された収支報告書を復活させることが

[8-5]

できます。ただ、総務省に関しては、ネット公開が始まった2007年分以降、都道府県ではそれぞれの公開以降のものになります。

さらに、どの自治体でも可能なわけではありません。国立国会図書館によると、都道府県分については、「収集は法的にOKだが、ネットでの公開は許諾が必要」だということで、入手方法が微妙に違います（2022年10月時点）。

①WARPを使ってネットで入手可能（27道府県）

北海道、秋田県、宮城県、福島県、茨城県、栃木県、群馬県、埼玉県、神奈川県、富山県、石川県、福井県、山梨県、長野県、岐阜県、大阪府、和歌山県、鳥取県、岡山県、広島県、山口県、香川県、高知県、福岡県、佐賀県、熊本県、鹿児島県

②国立国会図書館に出向いて閲覧　紙で印刷し入手（19都府県）

青森県、岩手県、山形県、千葉県、東京都、静岡県、愛知県、三重県、滋賀県、京都府、奈良県、兵庫県、島根県、徳島県、愛媛県、長崎県、大分県、宮崎県、沖縄県

③そもそもネットで公開していない（1県）

新潟県（注／新潟県選管は2024年秋に予定される2023年分の公表から、国会議員関係の政治団体のみネットで公開すると発表）

デジタルに力を入れることを標榜している東京都がネットで過去のものを取らせない

のは疑問ですが、②の都府県が①になって初めて十分な公開がなされたということになるのではないでしょうか。

「官報」を使う

WARPにも載っていないような古い記録を探すのに使えるのが、「官報」です。総務省届けの政治資金収支報告書の「要旨」であれば、官報にも記載されます。要旨なので、名前と金額、それに住所の一部のみ掲載されていて、寄付した日付や住所の詳細などは省略されています。

詳細な情報はありませんが、とにかく誰が寄付したのかを知りたい場合には有効です。寄付をした人の名前で検索することができるので、目的によっては収支報告書をひもといていくよりも、官報の方が便利なことさえあります。ただし、2024年の政治資金規正法の改正によって、今後は官報に要旨を載せないことになってしまいました。ひどい法改悪であり、今後は古い記録の検索にしか使えなくなります。

情報検索は有料のサービスですが、図書館では無料で利用できるようにしているところもあります（「官報検索」の基本については第1章を参照）。

政治家本人や政策について調べるためのツール

選挙ドットコムの「政治家データ」を使う

選挙・政治家情報サイト「選挙ドットコム」には、政治家のデータを調べることができる「政治家データ」という検索サービスがあります。[8-6] 掲載されているのは所属政党や年齢、選挙区や最近の選挙結果といった基本情報ですが、その政治家が使っているＳＮＳのアカウントへのリンクが張ってあり、名前の検索ですぐに調べられるのがいいところ。まだ当選していない「候補者」についても「政治家」として含めているケースがあるとのことです。

「議員pedia」を使う

同じようなサービスですが、「若者×政治」をテーマに２０１４年に発足した学生ＮＰＯの「Mielka（ミエルカ）」は、使う人の視点からもっと面白いインターフェースで見せよう

[8-6]

としています。それが「議員pedia」です。[8-7] 議員の「属性」からさまざまな調べ方をして視覚的に比較できるようになっています。

例えば、「経歴」では、世襲、地方議員経験、首長経験、官僚経験、議員秘書経験、大臣経験、民間企業出身、弁護士出身、医師出身、ＭＢＡ取得などからより分けていけるほか、学歴や過去の選挙の当落などからも調べていくことができます。百聞は一見にしかずのユニークなインターフェースなので、ぜひ触ってみてください。

「国会議員白書」を使う

資料性の高さでいえば、政治学者の菅原琢さんが運営している「国会議員白書」というサイトがあります。[8-8] ２０１２年からスタートしたもので、「各議員の選挙区と選挙結果、公認政党、本会議での発言、委員会や各種会議への出席と発言、所属会派や公的役職への就任状況、提出した質問主意書の数と、主意書と答弁書の内容について収集したデータを公表」している膨大なデータベースです。前に紹介した二つのサイトと比べるとインターフェースに工夫はありませんが、ジャーナリストや研究者が使えば、まさに宝の山だと思います。

例えば、「岸田文雄」で検索すると、「選挙結果」「活動実績」「発言一覧」などが示され、

[8-8]　[8-7]

このうち活動実績では、本会議や委員会での発言のデータなども表示されます。

「国会議案データベース」を使う

スマートニュースメディア研究所は、国会に提出された議案をデータベース化しました。[8-9] 議案ごとの審議状況や、政党別の賛否、そしてどんな議員がどれだけ何の議案を提出したのかも視覚的に分かりやすく表示されます。基になっているデータは、衆参両院の公式ウェブサイトから抽出しています。

それだけではなく、すべてのデータとソースコードをGitHubで公開しており、自由に閲覧・ダウンロードが可能です。こういう「公開・共有」の精神が大事ですよね。今の時代らしい取り組みです。サイトの見方や使い方についても、記事で解説しています。[8-10]

「国会議員の本名」を調べる

話題になった「ガーシー議員」。東谷義和という本名があるのに、なぜメディアもこぞって「ガーシー」と表記するのでしょうか。実は国会議員は、議員氏名を所属する衆参どちらかの議長に申請して許可されると、その名前を使用することができるようになり

[8-9]

[8-10]

ます。これも、官報に掲載されます。つまり、それを逆引きすれば、議員の本名を知ることができます。例えば「水道橋博士」の本名は「小野正芳」、「中条きよし」は「下村清」などであることが分かります。

Column

▼政治資金の取材のポイント

取材ポイント「収入」

ただ漠然と政治資金収支報告書を眺めていて問題に気付けるかというと……気付けるんです。幾つも読み込んでいるうちに、明らかに「違和感」のあるものが浮かび上がってくるんですよね。

とはいえ、効率的に読みたいもの。以下に、過去に問題になったケースを列挙しますので、参考にしていただければと思います。

まずは「入り」のカネを見ていきましょう。

1．赤字企業や公的金融支援を受けている企業による政治献金

3年以上継続して欠損を出している「赤字企業」から献金を受け取ることは、政治資金規正法の22条4項で禁止されています。会社の経営が危機に瀕している中で、政治献金によってさらに圧迫するというトップとしての責任感に欠ける経営者や、こうした企業に献金を求める倫理観に欠ける政治家を牽制《けんせい》するための法律です。ところがこうした企業からの献金が見つかるケースもあります。

政党支部には企業からの寄付もあるので、そのような企業がないかチェックしてお

きましょう。ここでいう「赤字企業」とは、いわゆる貸借対照表の資本の欠損がある場合、つまり利益の積み上げである剰余金がマイナスになっているということであり、単年度の損益の赤字(当期損失)とは異なるので注意が必要です。直近何年かの経営状態が悪くても、老舗企業などの場合、積み上がった剰余金があることも多いので、貸借対照表を確認しましょう。

2003年2月には、経営再建中のゼネコンによる献金は「違法」とし、経営者に賠償させるという判決も出ています。また、企業が赤字で献金ができないときに、役員らが個人で献金をするケースもありますが、これも本当にポケットマネーで支払っているかどうかをチェックしたいところです。

発覚した際にほとんどの政治家が「献金をしてくれるという企業をいちいち調べているわけではないので赤字とは知らなかった」という言い訳をしますが、すでにメディアなどで経営危機が叫ばれている企業や、政治家の地元の有名企業もあり、知らなかったという言い訳をすること自体、意識の低さを露呈しているように感じます。

また、これは道義的な観点からなのですが、国から公的な金融支援を受けているような企業の献金もいかがなものかと考えます。税金を原資とした資金の注入が行われている企業が特定の政治家に献金をするのは、社会に対する背信行為ではないでしょうか。高額の報酬を受け取っている役員がいれば、個人献金をしていないかもチェックしたいところです。

Column

2. 特定寄付

「選挙のため」に企業が献金をする「特定寄付」は公職選挙法で禁止されていますが、2003年になって初めて一般に問題として認知され、実際に事件になりました。

「地方公共団体と工事などの請負契約を結ぶ個人や企業は、その団体の首長・議員選挙に関して寄付をしてはならない（199条）。政治家の側もこれらの個人、企業に寄付を要求したり、受け取ったりしてはならない（200条）」というものです。「選挙のための寄付」という構成要件の立証が難しいことから、かなりの自治体で野放しにされてきたことですが、構造的な政と業の癒着を象徴するものともいえます。

3. 反社や不正行為をした企業からの献金

暴力団のような反社会的な組織の関係者から政治家が献金を受け取ることは倫理的に許されることではありません。こうした人物からの献金がないかチェックする必要があります。

また、脱税事件や、談合事件などで自治体から公共工事の指名停止処分などを受けている企業から献金を受け取っているケースが案外とあります。これについてもチェックをしてみましょう。

4. 個人献金などに仮装した企業献金

2000年の法改正で資金管理団体に対する企業献金が禁止され、企業は政治家が代表を務める政党支部へ献金するようになりました。しかし、「新人候補でいまだ議員でないため政党支部を使えない」というケースや、上限を超える献金をするために、個人献金に見せ掛ける手口が使われることがあります。

具体的には、①複数の役員らが個人名で献金する、②関連会社をフルに使ってそれぞれに献金させる、などの方法があります。いずれも、政治団体や政党支部の収支報告書で献金した個人や企業を丁寧に調べれば見破ることができます。

過去には一部上場の大企業が、役員や管理職少なくとも700人の名前を使うなどして、3年間に1億1700万円もの献金をしたケースもありました。これに気付いたきっかけは、「同じ会社の複数の人間が、同じ日に、同じ額の献金をしている」という違和感です。収支報告書を読むとき、この要素は重要です。

5. 補助金を受け取っている企業からの献金

政治資金規正法の22条3項では、国から補助金を受けた法人は、交付の決定から1年間は献金できないと定められています。カネに色はつかないので、税金を原資とする補助金が、特定の政治家に流れるのと同じことになってしまうからです。また、場合によっては最初から献金するために補助金を受けて流用するという悪質なケースが出ることを防ぐためです。

過去に問題になったケースのほとんどは政党支部の収支報告書から見つけることができました。企業がどのような補助金を受けているかは、第1章の「補助金について調べるためのツール」を参考にしてください。

ただし、補助金のうち、「試験研究、調査または災害復旧に係るもの、その他性質上利益を伴わないもの」については、規制の対象にならないので注意が必要です（2015年から、献金すると違法となる可能性がある場合は企業に通知する制度ができたので、分かりやすくなりました）。

6. 外国人、外国法人からの献金

外国人や外国法人からの献金は政治資金規正法の22条5項で禁止されています。この規定を知らずに懇意の政治家に献金してしまったというようなケースは結構あり、過去には指摘を受けた大臣が辞任したことも。日本人名での献金だと、受け取る政治家の側も気付いていないことがあります。

なお、政治資金規正法の改正によって、2006年12月以降は、5年以上上場している日本法人については、株主が外国人・外国法人であっても献金が可能になりました。

7. 業界団体との癒着をうかがわせる献金

業界の政治団体の収支報告書からも問題を見いだすことはできます。この場合注目す

べきは、寄付の欄ではなく、支出の欄です。例えば数人の議員に対して集中的に献金したり、大量のパーティー券を購入したりするなどの不自然な支出があった場合、その頃、何があったのかを調べます。すると国会で業界を有利にするような法案が審議され、献金していたのは推進派の議員たちであるようなケースが少なくありません。献金との因果関係が証明しにくいのですぐに事件になることではありませんが、極端なケースについては、やはり取材する必要があります。

8. 献金側は記載しているのに、受け取った議員が記載していない

別々の政治団体の収支報告書で支出と収入を突合していくと、矛盾が見つかることがあります。例えば、業界の政治団体が議員に寄付をしているのに、議員の政治団体では収入として記載していないというケースです。

NHKは2020年にすべての国会議員についてこうした矛盾がないか、徹底的に検証する報道を行い、「収入の不記載が3年で94件、5704万円に上った」と報じました。多くの政治家が「事務的なミスだった」という弁明をするものですが、過去には大きな事件につながったケースもあるので、チェックが必要です。

9. 迂回《うかい》献金（トンネル献金）

迂回献金とは、企業から議員個人の団体への献金が禁止されているために、政党支部

Column

など別の団体がカネを受け取ったように見せ掛け、その後、後援会や政治団体に移すというやり方です。これを調べるには、政党支部と議員個人の政治団体の両方の収支報告書をリンクさせながら読み込む必要があります。

収支報告書の上では「企業から政党支部への献金」「政党支部から政治団体への献金」なので、それぞれの献金に法的な問題は何もありません。しかし、それぞれの献金をよく見ると、日付と金額がまったく同じなどというケースがあり、迂回献金が行われた可能性が濃厚であることが分かります。ただ、この段階ではあくまでグレーであり、報道するためには関係者取材によって内部情報を得て、問題を実証する必要があります。

10. ヒモ付き献金

この言葉には、大きく分けて2種類の意味があります。

一つには、企業団体・業界団体が、政党に対して「この政策を優先してやってください」などと具体的な目的を実現させるために行う献金のことを指しています。こちらの場合、道義的にいかがなものかという批判はありますが、法的には禁止されておらず、堂々と行われています。

もう一つは、政党の政治資金団体(自民党ならば国民政治協会)から政治家個人の政治団体への献金は無制限となっているため、企業が特定の議員にカネを渡すためにいったんは政治資金団体に献金し、その後で政治資金団体から政治家の政治団体に献金をするということが行われているのではないかという疑惑が持たれています。特定の議員に渡す目的で政党の団体に献金されているため、「ヒモ付き」と呼ばれているのです。

迂回献金のケースと違って、収支報告書に「同時期、同額」で記載されているなどという間抜けなケースはないため、最もハードルの高い取材となります。過去にも何度も国会で疑惑が取り沙汰されていますが、解明されたことはありません。

11. 公務員と献金

特定の政治家と官庁が癒着するようなこともあってはなりません。政治資金規正法の22条では、国や地方公共団体の公務員に、その地位を利用した寄付への関与を求めてはならないとしています。このため、公務員が政治家の依頼を受けて企業に献金を依頼したり、パーティー券を販売したりすることは禁じられています。しかし依然として癒着の根は深く、特に地方では公務員が公然と選挙などに協力しているケースが見られます。

また、過去にはいわゆる族議員に対して、省庁のOBがこぞって献金をしているケースがありました。国土交通省の幹部やOBら300人余りが、元事務次官である議員に集団で献金をしていたのです。収支報告書の寄付者の職業をすべて「会社員」とし、事実と違う状態になっていたことが発覚しました（報道を受けてその後、すべて修正）。

Column

12. 秘書給与の肩代わり

政治家が秘書の給与を企業に肩代わりさせた場合、これを献金として収支報告書に記載する必要があり、記載がなければ政治資金規正法違反になります。また、給与を肩代わりするのではなく、企業が社員を秘書として派遣しているケースもあります。この場合も同様に問題です。

ただし落とし穴があるので注意が必要です。収支報告書への記載がなくても問題ではないケースがあるのです。議員は所属する政党から政党助成金の交付を受けますが、この助成金で企業から派遣された秘書の人件費を支払っていることがあるのです。政党助成金の報告書の方も、同時にチェックしておく必要があります。

13. 所得税の還付につながる議員自身の寄付

政治家が、自分が代表する政党支部を経由して自分の政治団体に寄付することで、多額の所得税の還付を受ける行為が横行しています。法的には問題を指摘できない状態ですが、明らかに税金の還付目当てに行われている寄付は過去にも問題になったケースもあります。フロントラインプレスは2021年にすべての国会議員についてこうした還付を受けていないか徹底的な調査を実施して報道しています。

取材ポイント「支出」

以前の「政治とカネ」取材では、主に政治団体の「収入」が注目されてきました。しかし2006年に「事務所費」問題がクローズアップされ始めて以降、「支出」からも問題を読み解くことが頻繁に行われるようになっています。

以下にカネの「出」をチェックするポイントなどを挙げます。

1. 支出の種類

政治団体の支出には大きく分けて、「経常経費」と「政治活動費」の2種類があります。

このうち経常経費は、人件費や光熱水費など日常的に支出する費目です。事務所の家賃や修繕費、電話代などの事務所費もこの経常経費に当たります。

政治活動費は、会合などの組織活動や選挙の陣中見舞いなどの寄付、機関紙の発行、調査研究費が主な費目です。国会議員関係政治団体において、1万円以上の政治活動費の支出があった場合は、収支報告書に金額や支払年月日、支払先を個別に記載することと、領収書の添付が義務付けられています。

2. いわゆる「事務所費」問題とは

いわゆる事務所費問題は、支出された金額の不自然さを指摘することで明らかになりました。例えばある議員は、議員会館の部屋を資金管理団体の事務所にしていました。議員会館では光熱費や水道料金が無料です。にもかかわらず、5年間に2800万円余りの光熱水費を支出していると指摘され、「ナントカ還元水をつけている」と釈明し、窮地に立たされました。

一連の問題を受けて、政治資金規正法が改正され、国会議員関係政治団体については2009年分以降、人件費を除く経常経費についても1万円以上の支出は領収書を添付しなければならなくなりました。しかし、政治団体の代表者が議員の秘書であったり、住所が議員事務所であったりしても国会議員関係政治団体として届け出されていないケースも見られます。こうした政治団体の中には、国会議員関係政治団体から資金の多くを移動させているケースもあり、注意してチェックする必要があります。

3.「事務所」の現状は要注意

いわゆる事務所費問題ではないのですが、事務所自体が問題となるケースがあります。一般の個人や法人が所有している建物が、事務所として指定されているケースです。政治資金規正法では、事務所などを無償や著しく安い価格で提供された場合、家賃分に相当する金額を「寄付」として収入に記載する必要があります(支出にも同額を記載して、収支のバランスを取ることになります)。また、無償提供を受けている事務所が会社名義であった場合、法律で禁じられている企業・団体からの寄付に当たる可能性があります。

4. 領収書を使い回して「二重計上」

「事務所費」問題と同時にクローズアップされたのは、「二重計上」の問題です。二重計上の手口は非常に簡単で、同じ領収書をコピーして使い回すというものです。二重にした分の支出金額を何に使ったのか、隠すことができるわけです。

一部を書き換えているケースもありますが、日付、金額、支払先や通し番号などが同じで、筆跡もぴったりというものがあれば、まず間違いありません。多数の議員の政治団体で二重計上が発覚し、中には五重計上というケースまで出現しました。

政治家個人の団体だけでなく、政党支部や選挙運動費用収支報告書でも見つかっています。選挙運動費用収支報告書は、選挙後15日以内に選管に提出しなければならないもので、政治資金収支報告書とは提出時期が異なるため、二重計上に使われる頻度が高いのではないかと推測されます。

5. 過大な経費や個人的な支出

政治活動などに支出したはずの経費の中におかしなものが含まれているケースはたびたび見つかっています。地球何周分にも当たるガソリン代を計上していたケースや、絵画やマンガ、ベビー用品などを購入していたケース。個人の行為に対する行政処分であるはずの秘書の交通違反金を支出していたケースもありました。ＳＭバーや祇園での舞妓接待に交際費などとして支出していたケースも見つかっています。これらは収支報告書の支出から見つかることもありますが、添付されている領収書で見つかったものもあるので、やはり領収書も入手して丁寧にチェックする必要があります。

6．政治家本人への寄付・親族関係への支出

政治団体が政治家本人へ寄付することは禁じられています。すぐに発覚しそうな行為をやるはずがないと思うかもしれませんが、過去には大臣が資金管理団体などから自分に寄付していることが発覚し、問題になっています。また、事務所費などの名目でファミリー企業への支払いが発覚し、問題になるケースも。政治資金には税金も含まれているわけですから、政治家本人や親族に政治資金が流れていないかも、チェックの対象です。

7．「選挙運動費用収支報告書」もチェックを

「選挙運動費用収支報告書」をめぐっては二重計上以外にも、例えば余剰金の処理の問題が注目を集めました。余った選挙運動費の処理方法は、法律で決まっていません。しかし、選挙運動費は政党支部などから出ているケースが多い＝政党交付金など税金が原資のカネが含まれている費用です。それが、どのような処理をされたか分からない状態であれば問題です。

選挙運動費用収支報告書は、提出されればすぐに閲覧することができます。国会議員

に限らず、知事などの報告書を見れば、思わぬ問題が隠れているかもしれません。

8．収支報告書の提出すらしていないケースも

そんなことあり得ないだろうと思うかもしれませんが、実は現職の国会議員の資金管理団体や政党の支部が、収支報告書の提出すらしていないというケースも実際にあります。提出期限の時期になったら、チェックしてみてください。

9．訂正ラッシュを逃さずに

新たに入閣する国務大臣は「身体検査」が行われます。政治とカネの問題がないか、いま一度、組閣前にチェックが行われるのです。

すると何が起きるかというと、政治資金収支報告書の訂正が相次ぐことがあるのです。問題のある記載を政治家側が修正するもので、これは要チェックです。

第9章

新しい時代のアンケート

調査報道といえるアンケートとは

調査報道に使われる一つの手法として、「アンケート」があります。最近では新たな手法も生まれているので、ここで紹介したいと思います。

アンケートとはそもそもフランス語のenquêteで「質問による調査」というような意味(だから「アンケート調査」という言葉はおかしいと、かたくなに使わないデスクもいます)。大きな災害などがあるととにかく使われます。最近ではGoogle Formsなどのツールも発達したので、ネットを使って手早く手軽に実施することができるようになりました。[9-1]

しかしこれが調査報道といえるのか、と疑問を抱くような記事が散見されます。例えば、「被災地では今も○○な人が4割に上ることがアンケートで分かりました」という記事。震災○年のようなタイミングでよく見掛けるのですが、「4割」という数字をどう捉えればいいのか。伝える側の感覚で恣《し》意《い》的にどのようにも利用できてしまいます。現場を丹念に取材することで数字の意味付けをしていれば別ですが、恐ろしいことに数字だけ示している記事もあります。よく記者は「懸念されていたことを裏付ける」ためにアンケートを使いたがりますが、その姿勢だと結果ありきの恣意的な利用になりがちなので、

[9-1]

十分な検討と注意が必要です。

やはりアンケートを使った調査報道というのは、「知られざる新たな事象」を明らかにできたとき、成功したといえるのではないでしょうか。一連の震災報道の中で成功例として挙げたいのが、2011年10月に放送された「NHKスペシャル　巨大津波　その時ひとはどう動いたか」です。

津波で多くの人が犠牲になった宮城県名取市の閖上《ゆりあげ》地区で住民への大規模アンケートを実施。住民5600人の安否情報を色分けした「被災マップ」と、津波が来るまでの間に何を考え、どう行動したのかを聞き取りした「行動心理マップ」を作成して分析しています。その結果、確たる根拠はないにもかかわらず「ここは大丈夫だろう」というような心理に陥ってしまう実態を明らかにした報道です。「正常性バイアス」というその心理は、今でこそ災害時によく語られますが、当時はあまり注目されていませんでした。次の大災害に向けて警鐘を鳴らす、価値のある報道だったと思います。

アンケートのポイント

いまさら、という人も多いかもしれませんが、アンケートを行う上での忘れてはいけないポイントだけ挙げておきます。

・住所、氏名、連絡先が必ず分かるようにしておく（匿名希望でも可能な限り）
・質問数は抑制的に（多過ぎると回収率、回答率が下がる）
・定期的に継続する場合、同じ質問でなければ変化に気付けない。10年後の利用を考えて質問の組み立てを
・自由記述欄こそ宝の山
・どんな記事にどう利用するのかを明確に

自由記述欄を設けていないアンケートも多いですが、ちょっとでも余白があればそこを利用すべきだと思います。とんでもない独自情報が潜んでいたり、アンケートの設問にはない想定外の状況が起きていることが明らかになったりするケースは多く、思いの込もった記述をしてくれた人はインタビューを受けてくれる確率も相対的に高いからです。

大規模アンケートを成功させるテクニック

成功法① 首長にお願い

1700余りあるすべての自治体にアンケートをするには、相当な手間がかかります。2008年に「NHKスペシャル 大返済時代」で、当時1800あった自治体すべてにアンケートを行ったのですが、発送し、回収して分析するのに、半年もかかってしまいました。何より大変だったのが、回収。自治体側が忘れていたり、いろんな部署をたらい回しにされていたり、そもそも届いていなかったり……。結局、電話チームを結成して、自治体に何度もお願いしなければならない事態に陥りました。

しかし、もっと賢いやり方はあったのです。わずか1カ月足らずの調査期間で、回収率が常に90%以上、高いときには99・8%という驚異の数字を叩き出したのが、共同通信が行っていた全自治体へのアンケートでした。当時注目されていた「人口減少対策」「地方創生」「TPP」「外国人住民政策」などのテーマでアンケートを実施、加盟各社が1面などにその結果を掲載していました。

なぜそんなにうまくいったのか。担当した橋田欣典さんに秘訣を伺ったところ、アンケートを自治体の首長宛てに送るのがコツだそうです。首長だから思い切った回答もできるし、責任もある。公務の一つと考えてしっかり回答してほしいという意図があったということです。また自治体によっては、担当課に書かせているケースもあるのかもしれませんが、どちらにせよ回答しなければ、「○○市長は回答しなかった」と書かれてしまい、議会などで追及を受けるかもしれず、そうしたことも回答率をアップさせるのに役立ったのかもしれません。橋田さんは「現場の部局で答えられるのは『現状はこうだ』。首長には『これからどうする』を聴くことができる。アンケートは過去と現在だけではなく、未来を調査することができると考えています。未来が集まれば政策になります」と熱く語っていました。

成功法② 企業とコラボ

企業への大規模アンケートも大変です。広報体制が充実している大企業ならまだしも、中小企業となると一気にハードルが上がります。ＮＨＫでもせいぜい「１００社アンケート」なんていうのが関の山でした。

しかし、２０２０年にＮＨＫが報じた「データで見る　新型コロナ　中小企業への影響」では、わずか1カ月で1万8000社を対象とした、超大規模アンケートが実現しました。なぜ短期間に多数の中小企業を取材できたのかというと、生命保険会社とコラボしたからです。ご存じのように保険会社には多数の外交員がいて、日々企業回りをしています。その人たちにアンケートのQRコードが付いたチラシを配ってもらったのです。

NHKにとっては調査の材料が得られ、保険会社にとっては顧客の現状を知ることができるので、双方にとってメリットがあります。しかも、スマホで回答してもらえる形式にしたので、圧倒的に集計の手間も、コストも掛かりませんでした。

国の統計データを利用する

「オーダーメード集計」を使う

アンケートとは少しずれるかもしれませんが、「オープンデータ」を使った手法を紹介しましょう。

すでに存在している国の統計データを基に、集計してもらう方法があるのです。それが独立行政法人統計センターが提供している「オーダーメード集計[9-2]」。どのようなものか、以下にホームページから引用します。

> （オーダーメード集計とは）統計センターが、一般からの委託に応じ、行政機関等が行った統計調査の調査票情報を利用して、統計の作成又は統計的研究を行うことをいいます。（中略）申出者が既存の統計調査の集計項目の分類一覧から項目を選択し、それらを組み合わせて作成する統計表の様式（統計表作成仕様書）に基づき、統計表を集計・作成し、提供するサービスです。

[9-2]

国の統計が信じられない、というケースでは使えないかもしれませんが、クリティカルな問題が起きているのは、全体から見れば一部です。利用は有料です。

実際にこのオーダーメード集計も利用して、新聞協会賞を受賞したのが毎日新聞の連載「にほんでいきる」です。多くの外国籍の未成年が不就学、不就労になっている実態を明らかにしました。

国の統計データには、探せば大きな意味を持つものが、他にもたくさん眠っていると思います。

テキストマイニングで効率的に分析を

テキストマイニングツールを使う

さて、膨大な資料を手に入れた後、それをどう分析するのか。自由記述欄があれば人力での読み込みは避けられません。でも今の時代、ツールを駆使しましょう。

ＮＨＫのように自前のＡＩで分析できる社は別格ですし、テキストマイニングの立派なソフトを使うと高額の費用がかかります。とはいえ、無料で役に立つツールもあります。例えば、ユーザーローカル社が提供する「ＡＩテキストマイニング」は、頻出ワードを調べたり、言葉どうしのつながりを調べたりすることができる無料ツールです。[9-3]

もちろん、テキストマイニングだけでアンケートを詳しく調べられるわけではありませんが、新たな発見や、視点が得られることもあります。ただし、入力したテキストのデータがどのように先方で扱われるかは不明なので、機密を要する文書などは避けた方がいいかもしれませんね。

[9-3]

第10章

OSINTという新手法

世界の調査報道を席巻するOSINTとは

最近、「OSINT（オシント）」という言葉を耳にすることがあるのではないでしょうか。OSINTとは「Open Source INTelligence（オープンソース・インテリジェンス）」の略で、その名の通り、「公開されている情報から分析し判断する」ことです。この手法を駆使した調査集団「Bellingcat（ベリングキャット）」の活躍で、にわかに脚光を浴びています。[10-1] 例えば、ロシアのウクライナ侵攻が始まった際には、SNSなどネットにあふれる情報を徹底的に収集・調査。画像や動画、地図情報、位置情報などから、「ロシア軍が非人道的なクラスター爆弾を使用した可能性がある」「侵攻の口実の一つである親ロシア派の司令官の車両爆破は捏造《ねつぞう》ではないか」など、他のメディアには追随できないような報道を次々と放っていったのです。世界中の人々がその活動に注目しました。

今では、多くのメディアが一斉にOSINTに取り組んでいて、その赫奕《かくやく》たる成果から、さながら「OSINTによる報道の新時代」が幕を開けたと言ってもいいような状況になりつつあります。

[10-1]

国内にもＯＳＩＮＴが広がり始めた

ベリングキャット型のＯＳＩＮＴだけでなく、日本でもこれまで使われてこなかったオープンソースを利用した優れた報道が、２０２１年から次々と登場しています。

第１章でも紹介した日本経済新聞によるシリーズ「国費解剖」は、「基金シート」というオープンソースを分析することで、「乱立２００基金、余る２・６兆円」「過剰人員、基金食い潰す」などの記事を発信。[10-2]日本の財政が悪化する中、危機対応や経済成長を名目に膨らむ一方の歳出に多くの無駄が潜んでいる問題を次々とあぶり出しました。

朝日新聞の「みえない交差点」は、警察庁が公開した68万件の人身事故データを独自に分析してマッピングでビジュアル化。[10-3]信号機がなく、名前も付いていない各地の小さな交差点で、事故が多発していること、そして多くが警察の集計対象になってこなかったため、効果的な安全対策が進まないことも明らかにしています。

ＮＨＫスペシャルの「あなたの家族は逃げられますか？　～急増〝津波浸水域〟の高齢者施設～」は、国土交通省が公表している「津波の浸水想定区域」の「オープンデータ」と介護施設などのデータを重ねることで、全国で３８００カ所もの施設が津波の浸水リスクがある場所に建てられていて、その半数近くは東日本大震災の後に開設されていた実態を解明しました。さらにどのようにしたら解決できるのかという対策の実例も紹介し

[10-3]

[10-2]

ています。[10-4]

毎日新聞は「オシント新時代～荒れる情報の海」という連載を展開しました。[10-5] 当初はベリングキャットをはじめとした世界での取り組みなどを解説した記事が中心でしたが、ロシアの政府系メディアが、日本の「ヤフーニュース」の読者コメント欄をロシア語に翻訳して転載する際、改ざん・加筆した疑いがあるというOSINTを用いた独自のスクープも発信しました。

今、メディアやジャーナリストが盛んに取り入れ始めたOSINT。実はその歴史は案外古く、そして今の時代だからこそより対象を広げて進化し、効果を発揮するようになりました。その経緯を含めて紹介しようと思います。

そもそも「インテリジェンス」とは？

カメラはまず山地の深い峡谷を写し出した。そこでは川がコンクリートと石でできた巨大な建造物、水力発電用ダムによって塞《せ》きとめられている。ドゥシャンベの南東わずか50キロメートルの距離にあるのに、そこで生産される電力は人口50万のその町に供給されていない。電線が通じているのは発電所からほとんど見えそうなところ、いくつもの山頂の集まる地点である。「あれは新たな一群の塔のための土台

[10-5]

[10-4]

のようです」とライアンが感じたことを述べた。

（中略）

カメラがズーム・インするにつれて、動いている点が、大外套を着てたぶん毛皮の帽子をかぶった人間の姿になった。その兵士は、種類はわからないが大型の犬を連れ、右の肩にカラシニコフ突撃銃をかけていた。人と犬の吐く息が白い。ライアンは無意識のうちに体を前にのりだした。そうすればよく見えるかのように。

「あの男の肩章はグリーンに見えないか？」と彼はグレアムにきいた。

偵察の専門家はうめくように言った。「そう。あれはＫＧＢですな」

（トム・クランシー著、井坂清訳『クレムリンの枢機卿』文春文庫）

ＣＩＡのアナリストが映像から他国の活動を分析し、明らかにする様子を描いた小説の一節です。まるで今、ベリングキャットが行っている活動と重なるかのようです。あらゆる映像やデータを収集し、分析する活動を「インテリジェンス」と呼び、ＣＩＡのような諜報機関では従来から行われてきました。

諜報機関ばかりではありません。例えば日本の国税局もインテリジェンスを実践しています。

国税といえば、強制調査という絶大な権限を持った「マルサ」こと査察官の仕事が注目されることが多いのですが、彼ら以上にインテリジェンスを実践しているのが「リョウチョウ」(料調)と呼ばれる資料調査課です。調査官たちが何をしているかというと、ネットはもちろんですが、雑誌などの出版物からテレビ番組までオープンになっている膨大な「ソース」から、日々「カネ」に関係ありそうな情報を収集・分析しているのです。

例えば、「芸能人の豪邸訪問」という番組があります。調査官は録画してくまなくチェックし、建物や家財、乗用車、身に着けている時計や宝飾品などに幾ら掛かっているのかを計算しています。調子に乗って高級品を披露していると、「彼の申告している所得では購入できるはずがない」と、税務調査に入られて申告漏れを指摘された、なんていうケースも実際に起きています。まさに公開情報を利用したインテリジェンスです。

先駆的なOSINT「田中角栄研究」

歴史的な調査報道として思い浮かぶのが、1971(昭和46)年の「ペンタゴン・ペーパーズ」です。ワシントン・ポストとニューヨーク・タイムズが、ベトナム戦争の真の実態が綴《つづ》られた国防総省の最高機密文書を入手し、世に出した大スクープでした。そして1972年の「ウォーターゲート事件」。ワシントン・ポストが大統領を辞任に追い込むことになるスキャンダルをスクープしました。

これらに共通しているのは、いずれも関係する内部の密告者からのリーク、情報提供が元となった秘密の情報だったということです。記者たちの仕事はこのような「情報源の開拓」が第一でした。

一方、その2年後の1974年、日本でも絶頂期にあった総理大臣を失墜させることにつながる大スクープが放たれました。立花隆の「田中角栄研究」です。

この報道は、誰にでも閲覧できる、オープンソースである「政治資金収支報告書」や、不動産、法人の登記簿を徹底的に分析することによって矛盾するカネの流れを明らかにしたものでした。首相の周辺はもちろん、野党側にさえ情報提供者はいなかったということを立花も後に明らかにしていて、まさにOSINTといえます。

そしてこの報道には、もう一つ重大な「報道の転換点」がありました。実は月刊誌『文藝春秋』で発表された当初、この報道は「スクープ」として扱われませんでした。なぜなら「田中首相のうわさはそもそも周知の事実だし、オープンになっている資料に書いてあることじゃないか」という理由で、各社とも「追い掛け」報道をしなかったのです。

ところが日本外国特派員協会が田中首相を招いた記者会見でこの疑惑を徹底的に追及したため、それから大きな問題に発展していきました。「表に出ている情報はスクープではない」という従来の考え方から、「オープンになっている情報であっても、それを読み解くことによって新たな意味を与えることでスクープたり得る」とジャーナリストの意識を転換させ、ＯＳＩＮＴの重要性、価値を意義付けるものになったのです。

実際、その後、政治資金収支報告書という公開情報を使った報道に報道各社が取り組むようになりました。毎年11月の定期公表時には、チームを組んで膨大な資料を読み解く取材が行われています。２００９年には朝日新聞が「鳩山首相に献金したと収支報告書に記されている人の中に、実際にはすでに亡くなっている人が多数含まれていた」というスクープを報道、「幽霊献金」「故人献金」などとして大きな問題になりました。これもＯＳＩＮＴの成果の一つです。

ただ、日本では情報公開制度は設けられたものの、本当の意味で政府や自治体が情報をオープンにする動きは鈍く、それを利用したＯＳＩＮＴも進みませんでした。

例えば不動産や法人の登記簿の情報は先進国の多くでは無料で入手できますが、日本では有料なので厳密な意味でのオープンソースとはいえません。また裁判の記録は海外ではデータベース化されて簡単に入手できますが、日本では特に刑事裁判の記録を入手するのは非常に困難です。そして何より日本のＯＳＩＮＴは、「田中角栄研究」というその成り立ちのせいか、現在に至るまで「カネ」を対象とするものに偏りがちです。

「オープンガバメント」も動き出す

日本が後れを取る中、インターネットやデジタル技術の発達もあって、世界的にはオープンソースを利用して報道に役立てる動きが急速に高まっていきました。米国では、「銃を使った犯罪の発生場所をマッピングしていくと貧困地区と重なり合う」といったOSINTに基づく報道が発信されるようになります。

一方で、「政府の透明化」が民主的な国家の在り方として重視されるようになり、「Open Government Partnership」(オープンガバメント・パートナーシップ)が設立され、こうした動きも報道がオープンソースを利用する後押しとなりました。これも前述した通り、残念ながら日本は不参加です。日本版オープンガバメントを目指して誕生した「DATA GO.JP」(現「e-Govデータポータル」)も、内容の充実には程遠い状態でした(現在はデジタル庁に移管されて、「e-Govポータル」の一部として充実が図られている)。

とはいえ、日本でもオープンガバメントを一歩進める動きがありました。やはり第1章で取り上げた2012年の「NHKスペシャル シリーズ東日本大震災『追跡 復興予算19兆円』」です。この報道でベースになった「行政事業レビューシート」というオープンソースが一気に注目され、これも前述の「JUDGIT!」ができてジャーナリストによる利用が一気に進み、第1章で述べたようなさまざまな報道が世に出るようになりました。

ベリングキャットが示す新時代の報道

ここまでくれば、世界のジャーナリストにとってOSINTはもはや当たり前のように見えます。それなのになぜベリングキャットが驚きをもって受け止められたのか。それには大きく三つの要素があります。

①対象としているオープンソースがこれまでと違う
②調査の手法がこれまでと違う
③調査に携わる人間がこれまでと違う

①について説明すると、従来ジャーナリストが利用してきたオープンソースは、ここまで述べた通り「政府や自治体など公的機関が公表したもの」でした。このため一定の信頼に足るソースであり、そのまま報道に利用することができました。逆に言えば、そのソースを使って政府を批判しても、政府の側はもともと自分たちが発表したものがベースになっているのだから文句が言えない、という効果もありました。

一方、ベリングキャットもそうしたオープンソースも使います。しかし彼らが対象とするオープンソースは、SNS上などに流れる画像や動画など、ネット空間に存在するありとあらゆるものです。時には誰が発信したか分からないものさえあり、意図的な偽情報も混在しているかもしれません。彼らは最新の技術や手法を使ってその真贋《しんがん》を見極め、報道のための材料としています。

そして②と③について説明すると、従来の報道は「訓練を受けたジャーナリストがデータを読み解いて報道する」ということが大前提でした。しかしベリングキャットのメンバーにはもともとメディアに所属していない、元ゲーマーや武器の専門家などさまざまな人物がいます。そして「Discord」というSNSなどを利用して外部の専門家やボランティア的な個人ともつながり、一緒になってSNSの分析などを行っています。それはある種の権威性を帯びたことで逆に忌避されるようになってしまった現代の報道メディアの姿とは対照的で、まるでWeb3界隈で話題の「DAO（Decentralized Autonomous Organization：自律分散型組織）」のような様相さえ見せているのです（ブロックチェーン技術を使っているわけではないので厳密には違うのですが）。

そこで使われている手法にはさまざまなものがありますが、ウクライナ侵攻などの分析でよく使われているのが「ジオロケーション」です。画像や動画の場所や時刻を特定するため、映り込んだ背景の建物や地形、日差しの角度などをデータ化して読み解くテクニックで、ベリングキャットが非常に長けているといえます。地面にめり込んだクラスター爆弾の位置や角度などから、どの方向からどれくらいの距離を飛来したものなのかを分析しています。

こうした手法は、おのずと取材の経緯や手法の透明化にもつながっていて、調査結果を簡単にフェイクだと言わせない効果も生んでいます（ただしプーチン大統領は「フェイクだ」と言い続けていますが）。

従来メディアやジャーナリズムともコラボレーション

ベリングキャットのいろいろな意味で「オープンな」ＯＳＩＮＴが広がりを見せている理由は、二つあります。一つは「従来メディア」との連携です。

以下は、ＮＨＫのプロデューサー高木徹氏の「SlowNews」での記事「謎の調査集団ベリングキャットの正体と『ＯＳＩＮＴ』とは」からの引用です。

ヒギンズ氏はベリングキャットのメンバーを積極的にニューヨークタイムズ（ＮＹＴ）やＢＢＣに送り込み、例えば２０２０年1月に起きたイランでの民間航空機撃墜事件などでは、ＮＹＴのＯＳＩＮＴチームの一員となった若手メンバーと連絡を取りながら、ＮＹＴの記事とベリングキャットのサイトでほぼ同時に調査内容を公表する成果をあげた。NYTなど大手メディアは、OSINTではない従来型の人対人の情報収集能力、言ってみれば「地上取材力」に優れており、それは極めてアナログな世界の調査だが、OSINTの情報と総合することで、大きな成果につながるという考え方だ。また、NYTやBBCといった、世界を代表するメディアと組むことで、出す情報の信頼性が飛躍的に増大する点も見逃せない。同じ情報でもベリングキャットが単独に出すのと、NYTやBBCも一緒に出すのでは影響力が全く異なるのである。

このように従来のメディアと距離を置くのではなく、むしろコラボレーションすることによって報道としての深みも広がりも確保しているわけです。

さらにもう一つの理由は、彼らが世界各地でワークショップを開いて、プロのジャーナリストから一般の人までが学べる場を提供していることです。私の周辺のジャーナリストからは、人気があり過ぎて予約が取れないという声さえ聞こえてきます。

実際、こうしたワークショップなどで教えを受けたメンバーがOSINTを実践、実現したものの一つが「NHKスペシャル　緊迫ミャンマー～市民たちのデジタル・レジスタンス～」から始まる一連の取り組みです。ベリングキャットばりのジオロケーションによって、デモ中に射殺された女性について国営放送が報道した内容が事実と違うことを突き止めたり、軍による弾圧の実態を明らかにしたりする調査報道で、２０２１年度の新聞協会賞や第２回調査報道大賞の優秀賞にも選ばれました。

進化するジャーナリズムで真に民主的な世界を切り拓く

もちろん、現在もなおジャーナリストにとって「情報源の開拓」の重要性が揺らぐことはありません。それでもベリングキャットの活動には、情報がオープンであること、それを誰もが使えることこそが民主的な世界を到来させるという理想が背景にあり、ジャーナリズムの可能性を大きく広げるものと期待させてくれます。

一方で、「ベリングキャットがすごいのはその中心メンバーで、誰もが同じようにＯＳＩＮＴを展開できるテクニックを身につけられるわけではない」という意見もあります。ただ冒頭に述べたように、ＯＳＩＮＴの形は一つではありません。従来からジャーナリズムの世界では、「新たな取材手法が誕生すると、それによってスクープが生まれる」と言われてきました。ＯＳＩＮＴに使われるオープンソースはそもそもジャーナリストのために用意されたものではなく、ジャーナリストたちが使えることを「発見」してきたものです。

データの発見や技術、ツールの進化でＯＳＩＮＴは無限に進化していきます。それはジャーナリズムそのものの在り方も、果てしなく進化していくということです。もしかしたら「ジャーナリズム」というカテゴリーそのものの壁が壊され、より民主的な情報の共有や伝え方が誕生するかもしれません。そして情報はただそこにあるだけでは、誰かのためになるわけではありません。それを発見し、分析することでその意義を生み出すのです。

あなたもＯＳＩＮＴの担い手の一人になってみませんか。

おわりに

　調査報道のことについて書いた本は存在していましたが、そのテクニックやツールを網羅的に紹介した書籍はこれまでありませんでした。新聞社やテレビ局の中でＯＪＴ（On the Job Training）的に伝えられただけで、属人的な理由で途切れてしまうことも少なくありません。そもそもテクニックは「秘伝」のもので、「他の記者には知られないようにしよう」という意識があったのではないでしょうか。私はそうした意識を変革させる意味もあって本書を書きました。

　ただ、私自身もＮＨＫで10年以上にわたって調査報道の講師をしてきましたが、外部で伝えるようになったのは２０１８年からです。報道実務家フォーラムの最前列で講義を食い入るように聞いていた私に気付いて声を掛けてくださった橋場義之さんには感謝しかありません。また、フォーラムでも共に活動するようになった奥山俊宏さん、澤康臣さん、日本記者クラブの河野聡さん、編集者としてもお世話になっているフロントラインプレス代表の高田昌幸さん、皆さんと、あの日、土曜記者ゼミのプログラムを考える打ち合わせで出会うことがなければ、テクニックの共有に私が乗り出すことはなかったと思います。

ＮＨＫでも事件記者時代からネットワーク報道部まで支えてくださった田中誠一さんや、何かと手伝ってくれた足立義則さん、そもそも現役時代の私に無理難題を与えつつも自由に取材をさせてくださった道脇清文さん、初任地の沖縄局で調査報道を手掛けるきっかけをくださった本竜行さんと橋本拓大[11-1]さん、一緒に調査報道に取り組んでくれた後輩の皆さん、そして私が一番つらかった駆け出しデスク時代に支えてくれた人……皆さんがいなければ私が記者としてここまでやれることはなかったのではないでしょうか。

さらに多忙なベンチャーの業務の合間に執筆や外部での活動を許してくださったスローニュース[11-2]社長の瀬尾傑さん、ＯＳＩＮＴについてまとめるきっかけをくださった藤村厚夫さん、出版に尽力してくださった新聞通信調査会の倉沢章夫さん、時事通信出版局の舟川修一さんと桑原奈穂子さんにも感謝を申し上げます。

２０２２年11月

熊田　安伸

[11-2]

[11-1]

【著者紹介】

熊田 安伸（くまだ・やすのぶ）
SlowNews シニアコンテンツプロデューサー
NPO報道実務家フォーラム 理事

1967年岐阜県生まれ、早稲田大学卒。90年NHK入局。沖縄局、報道局社会部で国税・外務・国会を担当し「公金」をテーマに調査報道。新潟局、仙台局では震災報道を指揮。2006年、スクープの取材源をめぐって民事裁判で争い、最高裁が記者の取材源秘匿を認める初判断を示す。17年、NHKの公共メディア化のための「ネットワーク報道部」設立に尽力。「政治マガジン」「AIリポーターヨミ子」「NHK取材ノート」などを開発・運営。21年、ウェブメディアSlowNewsに移籍。NHKスペシャル「追跡復興予算19兆円」でギャラクシー大賞など。「調査報告 日本道路公団」で芸術祭優秀賞。本書の基になった連載「調査報道講座 オープンデータ活用術」でInternet Media Awards 2022のアクション・フォー・トラスト部門賞。

［改訂《かいてい》］
記者《きしゃ》のためのオープンデータ活用《かつよう》ハンドブック

2022年12月25日　初版発行
2024年10月31日　改訂版第1刷発行

著　者　熊田安伸
発行者　西沢　豊
発行所　公益財団法人新聞通信調査会

〒100-0011　東京都千代田区内幸町2-2-1
日本プレスセンタービル1階
電話 03-3593-1081（代表）
URL：https://www.chosakai.gr.jp/
ISBN978-4-907087-42-5 C3000
落丁・乱丁はお取り替えいたします。定価はカバーに表示してあります。

編集：公益財団法人新聞通信調査会　倉沢章夫
編集協力：時事通信出版局　舟川修一・桑原奈穂子
装幀・本文デザイン：キトミズデザイン
印刷・製本：太平印刷社